구원하심

구원하심

초판 1쇄 발행   2020년 1월 10일

지은이   김영실
발행인   이희정
펴낸곳   도서출판 현진
주관   한국IT선교회

출판등록   제 2019-000089호
주소   경기도 고양시 일산동구 대산로31번길 31-2
전화번호   0507-1337-0691
홈페이지   bookjyunjin.modoo.at

후원계좌   우리은행 1005-003-860862
예금명   한국아이티선교회

ISBN 979-11-969178-0-7

책 가격은 뒤표지에 있습니다.

구원하심

북한무당 탈북민출신 여성목사1호
북한수용소 극적탈출!! 하나님의 구원의역사
"사랑하는 내 딸 영실아"

HJ 도서출판 현진

저자 기독교 방송출연

CTS기독교 TV _ 내가매일기쁘게 출연 진행 : 최선규, 김지선(2019.08.27)

CBS TV _ 새롭게하소서 출연 진행 : 김학중, 전혜진(2016.04.14)

CGN TV _ 통일북소리 출연 진행 : 김경란, 오지헌(2014.9.14)

저자 전국 지역 교회 집회사진

2016다니엘기도회 오륜교회 간증

상동21세기교회 간증 집회

창동 아름다운교회 간증 집회

저자 전국 지역 교회 집회사진

광주안디옥교회 간증 집회

목회자 세계선교 모임 의정부소망교회

대전소망제일교회 간증 집회

저자 전국 지역 교회 집회사진

잠실나루비전교회 간증 집회

대구서광교회 간증 집회

성장교회 간증 집회

추천 글

김은호 목사 오륜교회 담임

　김영실 목사님의 인생은 복음을 위해 순교한 사도 바울의 여정처럼 참으로 파란만장합니다. 태어난 지 6개월 만에 고아가 되고, 목숨을 걸고 압록강을 넘자마자 중국 공안에 붙잡혀 북송되었으며, 그것도 모자라 조직폭력배에 의한 인신매매, 복음 때문에 받은 감옥에서의 사형선고 등 생의 의지를 꺾을만한 절망적인 일을 숱하게 겪었습니다. 그러나 이 책은 이러한 참담한 현실 속에서도 말씀과 기도를 통해 하나님이 친히 이루시는 승리를 간증하고 있습니다. 특히 절망을 희망으로 바꾸시는 하나님의 역사하심 아래 이제는 주님의 충성된 종으로 살아가는 목사님의 인생이 많은 이들에게 감동과 도전을 안겨줍니다. 이 책에 쓰인 복음의 증거들을 통해 많은 영혼들에게 구원의 예수 그리스도가 선포되기를 바랍니다. 또한 오직 하나님께 영광이 되길 소망합니다.

김현동 목사 산돌교회 담임

1620년 신앙의 자유를 위해 생명을 걸고 미지의 세계를 향하여 메이플라워호를 타고 떠났던 청교도들이 때로는 그리운 시대에 살고 있지는 않는가? 이 책을 읽다보면 그때의 청교도 한 사람을 만나는 듯, 감동 속에 주를 향한 소망을 갖게 될 것이다.

송병현 교수 백석대학교, Ph. D.

시편 119편 71절은 '고난 당한 것이 내게 유익이라 이로 말미암아 내가 주의 율례들을 배우게 되었나이다'라고 기록하고 있다. 고난당하는 것이 어떻게 우리에게 유익이 될 수 있을까? 쉽게 답이 나오지 않는 말씀이다.

그러나 세계적인 기독교 작가 필립 얀시는, 위의 말씀에 적극적으로 동의하듯 "고난은 하나님의 선물이다. 그러나 아무도 원하지 않는 선물"이라고 말했다. 고난이 정말 하나님의 선물이라면, 어떤 경우에 우리에게 선물이 될 수 있을까? 그리고 왜 하나님께서는 아무

추천 글

도 원하지 않는 고난을 우리의 삶에 허락하시는 것일까?

저자는 이런 질문에 답변이라도 하듯, 자신이 겪어왔던 삶의 힘겨웠던 시간을 회고하며, 고난을 '통해서만' 발견할 수 있었던 하나님의 선물을 소개한다. 고난이 없이 평탄했으면 하나님을 결코 알 수 없었을 텐데, 고난을 통해서 하나님을 알게 되었고, 고난 덕분에 기도의 자리로, 사명의 자리로 갈 수 있었기에, 고난이 하나님의 선물임을, 우리에게 유익임을 증명하고 있는 것이다. 그 선물을 받아 누린 자로, 하나님께 나아와 찬양하는 삶을 살고 있음을 보여준다.

이런 점에서 이 책은 고통 중에 있는 분들, 어려움 중에 있는 분들에게 위로가 될 것이라 생각한다. 기나긴 고난의 터널을 지나는 분들이 마침내 하나님을 찬양할 수 있는 자리까지 나아오게 되기를 바란다.

문명준 목사 가나안 약속교회 담임

좀처럼 경험하기 힘든 삶의 굴곡과 부침을 온 몸으로 겪어내며 신비스런 하나님과의 만남을 통해 인생을 해석하고 존재의 의미를 사명으로 승화시킨 저자의 치열한 육필의 원고를 대하고 잠을 이룰 수가 없었다. 도대체 한 인간이 감당해 낼 수 있는 고난의 무게와 시련의 깊이는 얼마인가? 마치 하루아침에 사랑하는 자녀들과 재산과 가정을 모두 잃고 불치의 질병으로 밑바닥으로 곤두박질 쳐진 욥의 모습이, 하루아침에 헤어 나오기 어려운 절망의 끝자리로 내팽개쳐진 저자의 모습이 '오버랩'(overlap)된다.

그런데 욥은 남자이기라도 하지, 욥은 잃을 것이라도 있지, 저자는 여성의 몸으로 잃을 것도 가진 것도 없이, 느닷없이 밀어닥친 노도의 '쓰나미' 앞에 던져졌다. 그러나 욥의 하나님은 저자의 하나님이시기도 했다. 멀리 계시지 않고 외면하시지 않고 너무 가까이서 지켜보고 계셨다. 그때까지도 하나님에 대해 무지했던 저자의 삶에 하나님이 개입하셨다. 그 결과 생지옥과 같은 북한을 떠나 생명부지의 대한민국을 향해 발길을 옮기게 되었다. 그 길은 생명을 위협하고 앞날을 예측하기가 어려운 위험한 험로였다. 아브라함이 오직 말씀을 붙들고 갈대아 우르를 떠나 하나님이 지시하는 땅을 향해 바를 알지 못하고 발길을 옮긴 것처럼 저자도 그 길을 걸었다.

이 책은 저자의 풍부한 영적체험과 성령께서 때맞춰 주시는 지혜로 신학을 공부하고 목회자로 서기까지의 과정을 통해 실로 하나님

추천 글

의 살아계심과 일하심을 눈으로 보듯이 선명하게 증거 해주는 신실한 증거이자 고백이다. 따라서 안일한 신앙과 편안함에 익숙한 현대교회와 성도들에게 광야의 음성을 들려준다. 야성미 넘치는 복음을 만나게 해준다.

김영실 목사. 그는 분명히 한국교회를 다시 한 번 깨우쳐주기 위해 예비해 두신 하나님의 무기임에 틀림없다. 이 책을 통해 많은 고난 속에 있는 분들이 살아계신 하나님을 만나고 그 분께 영광과 찬양을 돌리기를 소망하며 열독(熱讀)을 권한다.

안희환목사 예수비전교회 담임

누군가의 책을 읽는다는 것은 누군가의 삶을 간접적으로 경험한다는 것입니다. 그 만큼 책을 읽는다는 것은 큰 유익이 있습니다. 혼자서는 절대로 경험할 수 없는 많고 많은 것들을 간접적으로나마 경험할 수 있게 해주니까요. 그리고 그런 간접 경험 중에도 정말 강력한 것들이 있습니다. 세상에 이런 삶도 있구나 하는 충격을 주는 것들입니다.

김영실 목사님의 책이 그렇게 충격을 주는 책입니다. 고아로서의 삶과, 입양의 과정, 망명 생활, 잡혀서 북송, 감옥생활과 사형선고, 인신매매의 경험, 무당으로서의 삶 등 어느 것 하나도 평범하지가 않습니다. 끔찍하다는 생각마저 듭니다.

그런데 김영실 목사님의 삶이 충격적이고 끔찍하다시피 하기에 그런 김목사님을 구원하시며 변화케 하시며 귀하게 사용하시는 하나님의 사랑과 능력이 더 위대하게 다가옵니다. 나 같은 사람에게도 기회가 있을까?, 나 같은 사람도 회복될 수 있을까? 나 같은 사람도 쓰임 받을 수 있을까? 하는 의문이 있는 사람에게 이 책을 강추합니다. 또한 일상적인 신앙 생활 속에서 지루함을 느끼거나 안일함 속에 빠져 있는 느낌이 있는 사람에게 이 책을 강추합니다.

들어가는 말

　언변도 글재주도 부족한 제가 이렇게 글을 쓰게 된 것은 하나님의 크신 사랑과 예수님의 십자가 은혜와 성령하나님의 역사하심을 나누고 싶어서입니다.

　세상에서 부귀영화를 누리다가 모든 것을 한순간에 다 잃고, 가장 밑바닥 인생으로 곤두박질하여 아무 소망 없이 살아가던 저에게 하나님께서 찾아오셔서 나를 안아주시고, 십자가의 은혜 속에서 날마다 성령님의 보살핌으로 인해, 오늘의 가장 아름다운 인생으로 바꾸어주셨습니다. 삼위 하나님의 크고도 놀라우신 사랑과 저를 통해 나타내신 일들을 증언하고자 합니다.

　비록 제가 직접 찾아뵙지는 못하더라도, 독자들에게 이 책을 통해서 제가 만난 살아계신 하나님을 소개하고 싶습니다. 세상에서 슬픔과 고통 가운데 있고, 인생에 소망을 잃어가고, 부질없는 것을 잡으려고 애쓰고 몸부림치는 많은 사람들에게, 참된 기쁨과 행복이 바로 온 우주 만물을 지으신 창조주 하나님께 있음을 전하기 위함입니다. 하나님의 크신 사랑을 알고 하나님 품 안에서 우리 주 예수 그리스도와 함께 성령하나님의 인도하심을 통해 행복해질 수 있다는 것을 저의 신앙 체험에 녹여 전하고 싶습니다.

지금부터 9년 전에 성령님께서 강한 감동을 주셔서 줄거리를 세우고 써보려 했으나, 짧은 글재주 때문에 "아버지께서 정하신 때에 쓸 수 있도록 동역자를 붙여주세요." 하고 기도하며 세월을 보냈습니다. 그러다 2018년 9월에 하나님의 은혜로 '가나안 약속교회' 문명준 목사님을 만나게 되었고, 목사님의 간곡한 권고와 격려로 이 책을 쓰게 되었습니다. 집필 마무리 즈음에 'IT선교회' 신바울 선교사님을 만나게 하셨고, 'IT선교회'를 통해서 출판하도록 은혜를 내리셨습니다.

이 책을 내면서 우선 글 쓸 수 있는 지혜를 허락하신 하나님께 감사와 찬양을 올려드립니다. 언제나 함께해온 남편과 늘 힘이 되어준 산돌교회 김현동 담임목사님과 한혜숙 사모님, 송병현 교수님과 사모님이신 임우민 교수님, 그리고 김영석 목사님에게도 고마움을 표합니다. 그리고 출판 과정에 수고하신 '한국IT선교회' 신바울 선교사님을 비롯한 관계자 여러분과 만화가 최철규 집사님께도 고맙다는 말씀 올립니다. 또한 응원해 주시고 기도해 주신 많은 분들에게도 감사드립니다.

김영실 목사 올림

Contents

Part 2. **시련을 이기고 연단을 받음**

Part 4. 사역자로 세워주신 하나님

**** 글을 마치며

Part 1.
나를 찾으신 하나님의 꿈

Part 1. 나를 찾으신 하나님의 꿈

그렇게 기도하고 나면 언제 그랬냐 싶을 정도로 머리는 아주 맑고 깨끗하고 말짱하여졌다. 예수님의 이름에 권세가 있고, 그 이름으로 기도만 하면 즉시 응답으로 나타내 주시는 성령님의 역사하심을 통해 기도의 맛을 알게 되었고, 기도할 때마다 하나님이 함께하심을 체험할 뿐만 아니라, 기도 가운데 찾아와 주셔서 만나주시는 하나님의 사랑이 너무 좋아 시도 때도 없이 작든 크든 조잘 조잘 기도로 나가는 삶이 몸에 배기 시작했다. 그렇게 나는 하나님의 자녀로서의 권세를 주님 안에서 마음껏 누리며 행복하게 성령님의 손에 이끌리어 가르침을 받고, 살아가는 법을 배우며 즐겁게 살게 되었다.

지금도 여전히 변치 않으시는 하나님의 손에 이끌리어 행복하게 살고 있다. 지나고 나서 되돌아보니, 나를 찾으신 하나님의 꿈은 나를 구원하시는 것뿐만 아니라, 사역자로 삼으시려는 것이었음을 깨닫게 되었다. 하나님이 연출하신 드라마 속에서 맡겨주신 배역을 충실히 해나갔던 것이다. 고난이 닥칠 때마다 견디고 이기게 하신 하나님의 은혜와 사랑이 너무도 고맙다. 하나님께 감사와 찬양을 올려 드린다.

모두 다 잃어버린 한순간

나는 세상에 태어나 6개월 만에 고아가 되었고, 이손 저손으로 옮겨지다가 4살에 당 간부 자녀로 입양되어 어린 시절을 당 비서인 양아버지와 요리사인 양어머니의 품에서 부유하게 자랐다.

많은 사람들의 부러움을 한 몸에 받으며 우쭐거리며 살았다. 배경이 좋아 앞날이 보장된 나는 언제나 '세상의 부러움 없어라'를 부르며, 내 인생에는 탄탄대로만 이어지리라 호언장담하며 살았다.

어린 시절부터 늘 중국인, 러시아(쏘련)인, 일본재일교포 등 여러 나라 사람들의 품에 안겨 사진도 찍고, 코리아 최고라고 엄지손을 척 들며, 나를 부러워하던 그들을 보면서 세상에서 조선이라는 나라가 제일 살기 좋으며, 세계가 다 조선처럼 사회주의이고 조선의 영향을 받는 줄로만 알았다. 자본주의에 대해 들어보지도 못했고, 4월15일 김일성 생일이면 위에 언급한 각 나라에서 축하 사절단이 가끔씩 와서 공연도 하기 때문에 그렇게 생각한 것이다.

언제나 부러움의 나라 조선, 어려움이 없을 것만 같았던 내 인생, 나의 꿈은 20대 초반에 꺾이고 말았다. 내가 자랑하던 모든 삶이 허망 된 꿈이 되고 말았다. 김정일이 제1비서가 된 후, 90년 초부터 조선은 점점 생활이 어려워지기 시작 했다. 정부에서 한 달에 상, 중, 하로 나누어 3번씩 주던 배급(식량분배)은 한 달에 두 번, 한 번, 점차 그 횟수를 줄이더니, 한 달, 두 달, 반년으로 더 줄여 버렸다. 급기야 식량 배급이 아예 끊기면서, 94년~97년까지 약 3년간, 당만 바라보며 열심히 충성을 바친 순진하고 평범한 사람들의 삶이 송두리째 뽑히는 암흑기를 보냈다.

아침에 굿바이 하고, 헤어졌다 밤에 퇴근하여 돌아오면 아래윗집마다 싸늘한 시신들이 넘쳐나기 시작했고, 극심한 식량난에 사람이 사람을 잡아먹고, 돼지고기라 속여 팔며, 생활 밑천(종자돈)을 마련하는 상황에까지 이르렀다.

심지어 너무나 기막힌 일도 있었는데, 사연인즉 다음과 같다. 갓 출산한 어느 산모가 물로 배를 채우고, 아기에게 젖을 빨리다 보니 영양실조로 비몽사몽하다 그만 정신을 잃고 말았다. 그러다 깨어 일어나 보니 옆에 작은 강아지가 놓여 있어서, "내가 죽게 되었는데 너를 잡아먹고 기운을 차려야지"라고 생각하고, 얼른 잡아 손질하여 가마솥에 끓여 먹고 기운을 얻어 정신을 차리고 보니, 갑자기 자신의 아기가 생각이 났다. 아기를 찾다가 순간 부엌에 내려가 가마솥을 열고 보니 아기 손이 올라와 있었다. 반 실성한 엄마는 그 길로 안전부(파출소)에 가서 "나는 살인자니 나를 죽여주시오. 내가 내 아기를 죽였다."고 외치기 시작했고, 자초지종을 들은 법관들도 기가 막히고, 가슴이 막히고 답답한 심정을 금할 길 없었다. 아기 엄마는 결국 정신줄을 놓고 죽지 못해 살아가야 하는 상황에 까지 이르게 되었다.

또한 소가 귀한 조선에서는 굶주려 소를 몰래 잡아먹었다가 총살 당하기도 했다. 사람의 생명을 소중히 여기지 않는 나라의 비극이었다. 성경 열왕기하 6장 28-30에 아람 군에 포위된 사마리아성 안의 사건과 아주 유사한 일이 벌어진 것이다.하나님을 거역한 인간 최고의 비극이 펼쳐졌다.

이럴 때 나에게도 뜻밖에 상상도 못한 어려움이 찾아 왔다. 나에게 가장 든든한 버팀목이셨던 양부모님이 사고로 사경을 헤매게 되었다. 나는 앞뒤 생각할 겨를도 없이 부모님을 살리기 위해 중국을 향해 압록강을 건넜다. 넘자마자 중국 공안에 붙잡혀 북송되어 보위부로 끌려갔다. 사실을 확인한 후 풀어주어 집으로 가려고 했으나 나는 갈 수 없었다. 기차역에서 옆집에 사는 내 친구를 만났는데, 그 친구를 통해 들은 소식은, 집으로 돌아오는 나를 체포하기 위해 집 근처에 군인들이 매복하고 있고, 부모님은 이미 세상을 뜨셨다는 것이다. 부모님의 임종을 지켜보지 못하고 불효자가 된 나는 그만 하늘이 무너지는 것만 같아서, 그 자리에 앉아 대성통곡 하였다.

양부모님과 부와 명예를 하루아침에 잃고, 나는 졸지에 또 다시 천애고아(天涯孤兒)가 되어, 거지(노숙자)로 전락하고 말았다. 가진 것을 한순간에 다 잃고 몸만 남는다는 건 참으로 말로 설명하기 힘들다. 처음부터 없었다면 잘 모르지만, 있다가 한순간에 모두 잃으면, 말 그대로 살 소망을 상실하게 되고 만다. 앞이 캄캄해져 살아갈 힘을 잃고 만다. 하늘이 무너진다는 말은 겪어보지 못하면 상상하기 어렵다. 정신 줄을 놓지 않는 것이 오히려 이상할 것이다. 갑작스런 재난으로 순식간에 모든 것을 잃어버린 사람들은 그 심정을 알 것이다.

최상최고의 삶에서 가장 밑바닥 인생으로 추락해 졸지에 길 위의 방랑자 신세가 되고나서야, 남을 마구 괴롭히며 아프게 했던 나의 교만한 마음을 돌아보게 되었다. 내가 가진 것이 언제나 그대로 있을 것이라는 생각, 인생사가 내 마음대로 다 된다고 여겼던 것, 그리고 없는 이들의 아픔과 서러움을 마구 무시한 것은 모두 교만한 마음에서 비롯된 것이었다. 내 인생에도 이런 어려움이 똑같이 올 수 있다는 것을 알게 되었다. 왜 사람은 겪고 나서야 깨닫게 되는가? 아쉬움 속에 후회의 시간을 보내면서, 3번의 중국행을 시도하다 잡혀 고생을 겪었다. 어떡하든 살아남기 위해 온갖 노력을 다 했으나 언제나 뜻대로 되는 것이 없었다.

꿈에 본 이상한 세 물체

세 번째 중국행을 시도하던 날 아주 특별한 경험을 하였다. 량(양)강도 백암으로 가는 방향, 중국 '장백현 이전도' 산골 마을 앞, 민간인은 없고 경비대 초소만 있는 곳에서 세 번째 중국행을 시도했다. 늘 이곳을 통해 중국에 드나들던 일행을 만나, 그날 함께 몰래 밤 10시경에 강을 건너다가, 교대하는 경비대원들에게 우리 일행은 잡혀 밤샘 조사를 받고, 새벽 4시 반경에야 작은 방에 들어와 쪽잠을 자게 되었다. 쪽잠을 자는데 마치 지옥에서 천국으로 나온 듯하였다.

이때 꿈을 꾸는데 비교가 되는 두 세상을 보았다. 한세상은 어둠과 두려움, 배고픔과 추위, 길 없는 가시와 엉겅퀴가 뒤덮인 세상, 한치 앞도 분간하기 힘든 정처 없이 헤매는 곳이었다. 또 한 세상은 눈부실 정도로 밝은 햇살이 찬란하고 따뜻하고, 세상에서 보지 못했던 갖가지 아름다운 수많은 크고 작은 꽃들이 서로 업신여기지 않고 뽐내며 아름다움을 나타내고 있었다.

그런 아름다운 세상에서 한 할머니가 환하고 밝은 미소를 지으며 반갑게 맞아 주시는 모습은 이 세상 어떤 사람에게서도 보지 못한 모습이었다. 할머니는 나를 자신의 집으로 데리고 들어갔는데, 거기 강대상이 하나 있었고 위 양 옆에는 팔뚝같이 굵은 양초가 켜 있었다. 할머니는 나더러 그곳에서 기도하라고 말씀하셨다. 세상에 태어나 26년 만에 난생 처음 들어보는 말에 나는 어리둥절하다가 "이거 신 한테 빌라고 하는가 보다." 생각하고, 두 손을 마주대고 연신 "비나이다." 하였다.

그렇게 시작해 손을 미처 한 바퀴를 돌려 빌기 전에, 마치 누군가가 붙들고 있는 것처럼 빌 수가 없었다. 빌기를 멈추고 나는 감았던 눈을 새우 눈같이 살그머니 살짝 뜨고 한들거리는 촛불을 바라보았다. 그런데 촛불은 순식간에 큰 불길이 되어 빨간 십자가가 되어 나타났다. 지금까지 한 번도 본적 없는 희귀한 모습이었다. 북한에서 빨간 십자 표시는 오직 병원 건물에만 있다. '강대상, 굵은 양초, 불기둥으로 나타난 십자가' 이 셋이 무엇을 의미하는지 도저히 알 수 없었다.

나는 주님을 만나기 전까지는 점쟁이 할머니 영향으로 어려서부터 간간히 영적세계를 알고 자라다가 12살에 신 꿈(神夢)을 꾸고, 20살부터 남의 인생 사주팔자를 봐주었다. 귀신의 노예로 신(神)놀이를 하면서 다급한 병자 3명도 고치고, 잃어버린 쌍둥이 한쪽 아이도 찾아주었다. 점쟁이들은 꿈 풀이도 하는데, 내가 꿈에 본 세 물체에 대해서는 도저히 나의 신으로도, 나의 이성으로도 풀 수가 없었다.

그러는 사이에 군 비상나팔이 울려 그만 잠에서 깨고 말았다. 나는 세 물체에 대해서는 '언젠가는 열리리라'는 의문부호를 달아놓고, 꿈의 전반적인 해석을 해보았다. 내 인생의 큰 변화를 가져다주는 그 어떤 계기가 있을 것이라 확신했다. 이런 생각을 꿈 풀이(解夢) 만물로 삼고, 부대 비상상황을 알아보려고 일어나 창가로 다가갔다. 전날 밤 10시경에 우리가 체포될 때부터 내린 함박눈이 출입문 절반을 가릴 정도로 엄청나게 내린 것을 보았다. 이 눈사태로 출입문을 열 수가 없어 부대에 비상이 걸린 것이고, 부대 병사들이 2~3층 높이 건물에서 창문으로 다 뛰어내려 눈을 치우고서야 문을 열 수 있었다.

그렇게 부대에서 하루 밤을 숨 가쁘게 보내고 새 아침을 요란하게 맞이하며 시작했다. 오전 10시경에 군 보위부장이 우리를 불러 놓고, '혜산시 도보위부'에 우리를 압송하기 위해 전화를 했는데, 수화기에서는 도보위부장의 답변이 흘러나왔다. 훈련을 통해 남보다 청각이 발달된 나는 수화기에서 나오는 말을 듣고 내 귀를 의심했다. "눈사태로 도로가 다 막혀 마비 상태가 되어 압송하러 갈수가 없으니, 몸에 지닌 별다른 것이 없으면, '도강 죄수'(강 건너 남의 나라로 가는 자)들을 풀어 내보내시오." 라는 말이었다.

나는 그때까지 하나님께서 내 인생에 개입하셔서 일하고 계심을 전혀 몰랐다.그래서 나는 내 신(귀신)이 나를 돕는구나 생각하고, "역시 김영실은 복덩어리니까!" 하면서 우쭐거렸다. 나는 어려서부터 점쟁이 할머니로부터, "우리 영실이는 세상에서 가장 큰 복을 타고 났으니, 30살 이전에는 참으로 많은 굵직한 어려운 일들을 겪지만, 30살 이후부터는 인생에 탄탄대로(성경에서 말하는 시온의 대로)가 열린다."는 말을 귀 아플 정도로 들었다.

그래서 나는 늘 집안에서나 밖에서나 복덩어리라는 말을 달고 살았다. 그렇게 우리는 죗값을 치르지 않고 풀려 나왔고, 나의 계획대로 일행은 다시 압록강을 건널 준비를 한 후 부대 뒷산으로 올라갔다.

남편을 예비하신 하나님

눈사태로 풀려난 우리 일행(4명)은 초소 뒤 산벼락을 타고 중국을 향해 내려가기 시작했다. 어려서부터 군인은 아니지만 독특한 꿈(장래에 대한 꿈) 때문에, 집근처에 가까이 있었던 특수부대(전쟁이 나면 제1선에서 먼저 남한에 파견되어 모든 통신망 차단, 아군의 출로를 여는 부대) 중대장을 통해, 여러 가지 비상훈련을 배운 적이 있다. 청각 훈련도 이때 배운 것이고 잡혔을 때 탈출구를 찾는 방법 등 중요한 몇 가지도 있었다. 탈출 과정에서 이를 요긴하게 사용하였다.

　일행 모두 2-3m 정도를 남기고 풀 한 포기도 잡을 것이 없어, 내가 먼저 뛰어 내린 후 일행에게 뛰어 내리라 하였다. 그런데 아무도 다치지 않고 일행 모두 안전하게 내려왔다. 이는 천지를 창조하시고, 다스리시며 운행하시는 하나님께서 전날 밤에 눈을 내리신 덕분에, 눈이 우리를 포근히 감싸주었기 때문에, 한 사람도 다치지 않았던 것이다. 만일 하나님께서 눈을 내려 주시지 않았다면, 그래서 얼어붙은 압록강 얼음이 미끄러웠다면, 일행 중 50대와 60대 둘은 아마 발목이라도 삐끗하거나 떨어지면서 엉덩방아를 찧고 꼬리뼈라도 상했을 것이다.

　그러나 주님의 은혜로 우리는 무사히 강을 건너 중국 땅으로 들어

갈 수가 있었다. 너무나 밝은 대낮 12시 경에 강을 건너다보니 중국 사람들의 눈에 띄기가 십상이었다. 그래서 나는 일행과 함께 산으로 가서 훈련받은 대로 눈 동굴을 만들고 피신해 있다가 날이 어두워지면 마을로 들어가기로 했다.

드디어 칠흑 같은 어둠이 땅에 깃든 밤 9시경에 우리는 중국 땅 '장백현 이전도' 촌마을 한 농가에 들어갔는데 마침 조선족(우리 동포)의 집이었다. 내가 먼저 앞장서 그 집에 들어가 "처음 뵙겠습니다."하고 인사를 하는데, 그 집 할아버지가 어서 들어오라고 반갑게 맞아주면서 옆에 서 있는 딸을 보고, "너는 가서 그 사람을 데리고 오라."하고 보낸 후 우리를 방으로 올려 보냈다.

조금 후 딸이 오더니 "이제 더 이상 선을 안 본다고 하네요."라고 말하자, 할아버지가 이번에는 할머니더러 다녀오라고 하셨다. 그 말에 할머니가 다녀오셨다. 나는 식구들의 동태를 살피면서 누구를 불러들이는지 예민해 있었다. 잠시 후 그 집 사위인 50대 중반의 남자가 들어와 나를 한번 힐끔 보더니 춤추듯이 나가는 것이었다. 그리고 젊은 청년 하나를 데리고 왔는데, 나는 첫눈에 이 남자구나 알아보고 자리에서 일어나 "처음 뵙겠습니다."하고 공손히 인사를 했다.

할아버지 말씀에, 이 사람은 연변에서 온 손님으로 자기 사위가 중매하려고 이곳까지 데려 왔는데, 중국 조선족 한 분을 봤으나 마음에 들지 않는다 하여, 조선의 이쁜 애기씨들이 자주 오가니 한번 만나보라고 했다는 것이다. 그래서 나를 만나기 전에 5명의 조선 여성들을 만났는데, 마음에 안 들어 이제는 장가 안 간다고 다음 날 집으로 가려고 준비다 해 놓았다는 것이다. 하지만 중국에도 같은 날, 같은 시간에 같은 양의 눈이 내려 발목이 묶여 하루를 더 있던 중에 나를 만나게 된 것이라고 말했다.

그렇게 우리는 서로 첫 눈에 반해 마음을 같이 하기로 약속했다. 일행 중 50대, 60대 어르신들은 그 집에서 옥수수 한 자루씩 구해가지고 그날 밤으로 다시 조선으로 건너갔고, 나와 내 동생은 그 집에 남아 그 사람(지금의 남편)을 따르기로 했다. 그렇게 우리는 사람의 힘으로는 만날 수 없는 만남이 하나님의 계획 속에서 이루어졌다 (하나님이 중매하셨다.).

그날 밤은 거기서 묶고 다음날 새벽 4시 첫 버스를 타고 출발했다. 옹근 하루(온 종일) 눈사태로 묶여있던 손님들이 버스에 꽉 차서 문을 열 수 없을 정도가 되어버렸다. 다행히 우리는 바로 출발지인 그 마을에서 탔기에 자리를 잡을 수 있었다. 버스를 타고 오면서 보니 경비 초소가 5군데인데, 이 구간들이 바로 김일성이 빨치산 투쟁할 때 중국의 장백현과 조선의 백두산 일대를 넘나들던 바로 그 5도구,

6도구, 7도구, 8도구였고 마지막 초소는 잘 모르는 곳이었다.

만약 하나님께서 눈을 내려 주시지 않으셨다면 남편과의 만남은 이뤄지지 않았을 것이다. 설사 무사히 강을 넘어 왔어도 우리는 첫 번째 초소에서 걸리고 말았을 것이다. 왜냐하면 중국인들은 조선 사람들과 오랜 접촉해왔기에, 한 눈에 알아보기 때문이다. 그러한 상황에서 이 초소들을 무사히 지날 수 있었던 것은 눈사태로 인해 하루 동안 발이 묶인 손님들이 버스에 빼곡히 들어차, 버스 문을 열 수가 없어 단속을 안 하고 무사통과 시킨 것이다. 그렇게 우리는 마지막 초소를 향해 가고 있었고 도중에 사람들이 버스에서 하나 둘 씩 내리다 보니 어느새 버스 안은 공간이 넉넉해 졌다.

그런 통에 마지막 초소에서 총을 멘 공안대가 버스에 올라 검열하기 시작했다. 참으로 떨리고 손에 땀을 쥐는 긴장된 순간이었다. 우리가 아무리 중국인 옷을 입고 변장해도 그들은 우리를 한눈에 알아볼 참이다. 이런 긴박한 순간 나는 "에라 모르겠다." 하고, 남편의 겨드랑 밑으로 머리를 박고는 귀신에게 속으로 무사히 가게 해 달라고 빌기 시작했다. 동생은 나이가 10대라 어리고 생김새도 중국 한족 같이 생겼고, 잠자는 척해서 다행히 무사했다. 문제는 나였다. 딱 봐도 전형적인 북한 이미지가 확 들어 나기 때문이다.

그런데 어려서 조직 폭력배 부두목이었던 남편이 담력(膽力)이 있어, 나의 어깨에 자연스럽게 손을 얹고 옆에 있는 사람과 중국말로 대화를 하기 시작하고, 나는 자는 척 눈을 감고 있었다. 딱 봐도 남편이 중국 한족(중국 본족) 같이 말도 능란하고, 생김새며 옷차림까지 똑 같은데다가 의연한 태도를 보여 검열을 피할 수 있었다. 나는 주님을 영접할 때까지 나에게 일어난 이 모든 사건(북한에서 부모 잃은 사건부터 시작해서)이 하나님의 원대한 시나리오(하나님의 계획)와 인도하심인 줄을 몰랐다.

그저 복 덩어리 이니깐, 내 신(귀신)이 도와준다고만 생각했다. 그렇게 1997년 3월 9일 저녁에 남편과 처음 만나, 출발 삼일 째 되던 1997년 3월 12일 날 새벽에 남편이 살고 있는 중국 연변 집으로 오게 되었고, 지금까지 부부로 주님의 은혜 안에서 살고 있다.

불안한 타향살이

나는 드디어 97년 3월 12일 기약 없는 방랑자 생활을 마치고, 남편과 함께 시댁에서 시아버님을 모시고, 두 도련님들을 거느리며 난생 처음 어른이 된 첫 날에 시집살이부터 시작하였다. 남편이 원한 것도 아니었고, 시아버님의 강요도 아닌 내 스스로 선택한 시집살이였다. 남편을 중국 장백현에서 처음 만나던 날 우리는 서로 인생에 대한 약속을 했었다. 조선말이 서툰 남편이 먼저 "인생에서 죽은 먹게 하지 않겠다. 힘들게 하지 않겠다. 일찍 어머니를 잃고 홀로 계신 아버님이 계시지만 네가 싫으면 따로 신혼집 준비해 둘만의 생활을 해도 좋다."고 하였다. 이런 남편을 보면서 나는 점쟁이로서 앞날을 예언하듯 말했다.

"시아버님은 3년을 넘기지 못하고 돌아가실 거니깐 우리가 그 때까지 모시자."고 했고, "두 도련님들은 장가보내면 되니깐 그때 가서 우리 서로 알콩달콩 살면 된다."고 말했다. 그렇게 백년해로하기로 약속하고 시댁으로 도착한 날 저녁 우리는 시댁과 온 마을이 축하하는 잔치 속에서 환영을 받았고, 세간나가(분가하여) 살아도 좋다고 하는 시아버님께, 남편은 내가 모시겠다고 한다는 말을 전했고, 시 아버님은 너무 고마워하며 남편과 함께 많은 사람들 앞에서 우셨다. 지금도 남편은 그 때 아버지와 울며 나누었던 내용에 대해 말해 주지 않는다. 그냥 고마운 마음에 아버지가 우시니 자기도 울었다고만 한다.

　엄마 품에서 곱게만 살던 나는 이제 낯 설고 물도 선, 말도 안 통하는 이역 땅에서 딸 없이 아들만 다섯인 집에 셋째 며느리로 들어와 인생의 첫 발을 내 딛게 되었던 것이다. 엄마 품에서는 한 번도 해보지 못한 살림과 음식 준비는 내게 버겁고 무거운 짐이었다. 친척과 손위 동서(형님) 둘 다 돌아가고 어느 덧 홀로 준비해야 하는 아침 밥 짓기 시간이 되었다.

　새벽잠이 없으신 시아버님은 일찍 부엌에 불을 피우고 가마솥의 물이 끌어 오자, "아가야 일어나 밥해라!" 하시며 잠자는 나를 깨우셨다. 너무 겁이 난 나는 자는 남편을 깨우며 "같이 밥 좀 해 주세요." 라고 말했다. 그러자 남편은 "내가 엄마 없이 홀아버지 밑에서 자라면서 아버지 아프실 때도 밥 한 끼 지어 드린 적 없는데, 결혼해서 각시(아내)를 위해 밥 지으면 아버지가 서운해 하시니, 나중에 우리끼리 살 때 그 때가서 내가 많이 도와 줄 테니, 아버지에게 가르쳐 달라고 해보라."고 하였다. 듣고 보니 맞는 말이었다. 그때 약속대로 남편은 지금 너무나 나를 위해 맛있는 요리도 많이 해주는 약속을 지키는 자상한 남편이 되어 있다.

그렇게 나는 음식도 살림살이도 시아버님을 친정아버지처럼 따르며 많이 배웠다. 그럼에도 시집살이는 힘든 법인가 본다. 딸 없던 시아버님에게 나는 딸 같은 존재가 되어 사랑을 많이 받음에도 몸은 지치고 마음은 힘들었다. 그래도 가족들의 사랑으로 다른 사람들에 비해 훨씬 좋음에도 불구하고 말이다. 어느 날 갑자기 모든 것을 잃고 남의 나라에 와서 편안 하게 살기는 하지만 부모님 산소(묘비)도 어디에 있는지도 모르고, 마지막 모습을 배웅해 드리지 못한 죄책감에 나는 늘 울었다.

남편과 시댁 식구들과 마을 사람들의 사랑을 많이 받았지만 여전히 엄마에 대한 그리움으로, 밥 지으려고 쌀독에 손을 넣을 때마다 그만 그 자리에 앉아 한참 동안 울곤 했다. 그때마다 남편이 위로 하면서 곁을 지켜 주었다. 어느 날은 자신도 15살 어린 나이에 엄마를 일찍 잃고, 32살에 장가들기까지 마음속에만 숨겨두었던 엄마에 대한 그리움으로 함께 울기도 했다. 그런 남편이기에 누구보다 어렵고 힘들어 하며 부모를 그리워 우는 내 마음을 잘 헤아려 주었다.

그런 가운데 나는 고기가 물 만난 듯 반사회주의, 자본주의 방식으로 마음대로 살아가는 중국에서 남의 사주(점쟁이) 놀이를 하기 시작했다. 처음에는 시댁 잔칫날 내 옆에 앉아 있는 둘째 형님의 인생부터 보기 시작했고, 이것이 소문나게 되어 시댁의 큰 집, 작은 집

할 것 없이 마을 사람들까지 보게 되었다. 그렇게 난생 처음 들어 내놓고 마음 편히 사주 놀이를 하긴 처음이었다. 목숨이 위협받는 북한에서는 어림도 없는 일이다. 그러나 중국 땅에서 아무리 사랑받고 편안하게 사는 것 같아 보여도 여전히 마음 한구석에는 불안과 두려움이 자리하고 있었다. 북한 땅에 있을 때 교과서에서 읽은, 일제 강점기에 억눌려 살던 어른들의 말 가운데 "나라 없는 설움이 상갓집 개보다 못하다."한 말의 의미가 무엇인지 조금은 알 것 같았다.

처음 만난 하나님

약 1년 반을 나는 귀신의 노예로 살았다. 그러던 어느 날 동네 조선족 교회 담임 전도사의 형수이자, 그 교회에 하나밖에 없는 집사인 철이 엄마가 나를 찾아왔다. 나이 차이가 많아 친구하기도 어려운 그 분이 우리 집에 놀러 왔다고 하면서 들어오셨다.

한참을 자신은 예수님 믿는다 하면서, 교회 가는 날과 예배시간을 알려주었다. 가는 날은 주중 수, 금, 일(주일)이고, 시간은 저녁 7시 반, 일요일(주일)에는 오전 9시와 저녁 7시 반이라 했다. 그런 그를 바라보면서, 딴 꿍꿍이가 있으면서, 자꾸 다른 말을 한다는 것을 알고, "바로 말 돌려대지 말고 나에게 하고 싶어 하는 말을 해라."고 했다. 그러자 철이 엄마는 남편의 둘째 형님네 큰 아들(남편 조카) 이름을 말하며 자식 없는 나에게 "강국이 작은 엄마가 다 알고 있으니 내가 말 하겠네."하면서, 자신은 하나님을 믿는데 나더러 그 하나님(예수님)을 믿으라고 하였다.

그러자 내가 바로 맞받아쳤다. "신은 존재한다, 그러나 하늘에 뭔 떡 같은 하나님이 있느냐!"고 소리를 지르며, 철이 엄마를 우리 집에서 쫓아냈다. "헛소리 하려거든 다시는 오지 말고, 놀러오려거든 와도 좋다."고 으름장을 놓았다. 내가 아는 신은 오직 귀신밖에 없었기 때문이다. 다른 신에 대해 들어 본적 없고 본적이 없기 때문에 내가 알고 있는 신의 개념은 귀신이 전부였고, 종교가 없는 북한에서는 종교가 무엇인지 백성들은 모른다. 그렇게 철이 엄마는 갔고, 그 이후 두 번 더 와서 문전 박대를 당했다.

그럼에도 이분은 4번째 또 오셨다. 잊을까 하면 또 오고 그렇게 4번째 방문에는 아예 문만 열고 밖에서 나에게 한 마디만 하고 가겠다면서, "강국이 작은 엄마가 믿는 신이 평안을 주느냐, 우리 하나님은 평안을 주시는 분이시다."고 한 마디 하고는 쏙 가버렸다. 이 말을 듣는 순간부터 내 마음 속은 알 수 없는 요동이 일기 시작했다. "도대체 들어도 보지 못한 하나님이라는 신이 어떤 신이시기에 평안을 준단 말인가? 내가 어려서부터 믿던 신도 나에게 평안을 주지 못해서 다 가지고 누리고도 채워지지 않는 욕망과 불 같이 급한 성격 때문에, 20대 나이에 목 달아매고 자살 하려고 했는데, 하나님이라는 신이 도대체 어떤 신이기에 '평안'을 준단 말인가?"

도저히 그 하나님이라는 신을 만나보지 않고는 견딜 수가 없었다. 나는 어느 수요일, 교회라는 곳을 가보기로 결심하고, 일찍 저녁 해 먹고 식구들이 다 놀러 나간 사이에 아무도 몰래 교회로 발걸음을 옮겼다.

그렇게 도착한 교회 성전 문을 여는 그 순간 내 눈을 의심했다. 바로 북한 땅을 마지막으로 넘어오던 전날 밤 체포되어 꿈에서 본 바로 그 물체 세 개 중 두 개가 바로 눈앞에 있었기 때문이다. 순간 나도 모르게 "바로 저 것이다."고 오른 손으로 오른쪽 무릎 위 허벅지를 치면서 손가락으로 가리키고 있는데, 그때 누군가에 의해 목덜미를 잡혀 끌려가다시피 맨 앞자리인 강대상 앞으로 가 앉게 되었다.

나중에 깨닫게 된 사실이지만, 그분은 바로 성령하나님이셨다. 그렇게 성령님께 이끌리어 정중앙 제일 앞자리에 앉은 나는 좌우를 두리두리 살피기 시작했다. 그런데 그때 나는 이해 안 되는 모습들을 보게 되었다. 기도하는 성도들 대부분이 눈물을 흘리며 기도하고 있었다. 강심장이어서 여간 눈물을 잘 안 흘리는 나로서는 이해가 안 되어 속으로 "병신들 꼴값 떨고 있네. 누가 때렸나. 울긴 해 울어!" 하면서, 올방자틀고(책상다리한 모습), 팔짱 끼고 앉아 교만하게 비웃고 있었다. 그러고 있는 사이 찬양이 시작되었고 이후 담임 전도사님이 나오셔서 창세기 2장 말씀을 선포하기 시작하였다.

이 날 하나님께서는 전도사님을 통해 나에게 말씀하셨다. 전도사님은 창세기 2장 말씀을 읽고, 하나님께서 우리들(사람)을 위해 아름다운 세상과 에덴을 창조하셔서 우리와 하나님과 함께 사랑을 나누며 영원히 살게 하셨는데, 우리 인간이 하나님께서 지키시라고 주신 말씀을 거역하여, 그 죄로 우리는 하나님 앞에서 쫓겨나게 되고, 우리 삶 가운데 어려움과 죽음이 찾아 왔다고 말씀했다.

그러는 순간 나는 아주 귀한 영적 체험을 하게 되었다. 어떤 힘에 이끌려 내 영이 육체로부터 분리되어 인도를 받고 있었다. 하나님이시라는 것을 직감적으로 깨달았다. 그때 하나님께서 나에게 보여 주신 것은 하나님을 잃고 슬퍼하며 하나님을 찾아 헤매는 사람들의 모습이었다. 그들은 잃어버린 하나님을 찾기 위해 '큰 바위를 보면 여기에 우리 하나님이 계시지 않을까, 큰 나무를 껴 앉고 여기 우리 하나님이 계시지 않을까' 정처 없이 헤매며 힘없이 죽어 가는 모습이었다. 그러다 장면이 바뀌면서 음식을 차려 놓고 절하고 빌고 있는 사람들의 모습도 보았다. 이러한 모습들은 내가 세상에서 점쟁이 놀이 하던 때와 별 다를 바가 없었다.

그런데 이때 눈앞에 빨간 십자가 다리가 있었는데, "그 길로 건너오기만 하면 네가 살뿐만 아니라 하나님 품에 안길 수 있다."고 쩌렁쩌렁 울리는 것 같은 목소리를 들었다. 하나님의 말씀이었다. 내가 하나님의 영에 이끌리는 동안 내 몸은 어떤 것도 느끼지 못했다. 사람들의 모습, 전도사님의 설교소리 같은 것을 전혀 느끼지도 못하고 들을 수가 없었다. 그리고 난 후에 나의 영혼은 다시 육체 안으로 들어 왔다. 영혼과 육체가 분리 되면, 육체는 아무것도 볼 수도 들을 수도 느낄 수도 없다는 것을 알게 된 순간이다. 사실 흔히들 쓰는 죽었다는 표현은 바로 영혼과 육체가 분리된 것을 말한다. 모든 것, 즉 기쁨, 슬픔, 고통, 괴롬, 즐거움, 아픔 등을 느끼는 것은 하나님께로 받은 생명체인 영혼이 있고서야 가능하다.

그렇게 육신 속에 영혼이 들어오고서야 성전에 있는 사람들과 전도사님이 다시 보이기 시작했고, 육신의 환경들을 느낄 수 있었다. 그 때 나의 뇌를 후려치듯이 정신이 번쩍 들게 한 생각이 있었다. 그 것은 바로 내가 최고라고 여겨왔던 신(귀신)이 창조주라는 크신 하나님의 신에 의해 심판 받을 졸개 귀신 이라는 사실을 알고, "아, 내가 어차피 신을 섬겨야 한다면 창조주 하나님이신 큰 신을 섬겨 구원을 받아야지 왜 졸개 귀신을 섬기다가 심판을 받겠는가!" 라는 깨달음이었다. 사람은 보고 듣는 것만큼 알고 깨닫는다. 사실 북한에서 마지막 밤에 꾼 꿈에 성삼위 하나님께서 세 물체 속에 의미를 부여하여 나타내 주셨지만, 죽은 내 영이 깨닫지 못했고 알아보지 못했던 것이다.

아담의 죄로 인해 죽은 영이 예수 그리스도를 영접하면서, 주의 성령이 우리 가운데 임할 때 죽은 우리 영이 그리스도의 생명 안에서 다시 살아나 하나님을 느끼고 그 말씀을 듣고 깨닫게 되는 것이다. 하나님의 형상대로 인간을 창조한 첫 인간인 아담이 하나님 약속의 말씀 "여호와 하나님이 그 사람(아담)에게 명하여 이르시되 동산 각종 나무의 실과는 네가 임의로 먹되, 선악을 알게 하는 나무의 열매는 먹지 말라 네가 먹는 날에는 반드시 죽으리라 하시니라"(창 2:16,17)을 거역하고 따먹은 결과 영이신 하나님을 보고, 그의 음성을 들으며 그분을 느낄 수 있던 영적인 생명이 정녕 죽으리라고 하신 말씀대로, 처음 하나님을 뵐 수 있던 인간의 영적 생명이 죽게 된 것이다.

이렇게 하나님의 말씀을 거역한 것이 하나님 앞에 죄인데, 이러한 죄를 범한 아담(첫 사람)이 하나님의 동산에서 쫓겨났고, 영적 생명을 잃은(죽음) 아담의 죄 상태에서 태어난 세상 모든 인류는 다 하나님 앞에 죄인임으로 하나님을 알 수도 없고, 느낄 수도 없고, 하나님 앞에 갈 수도 없고, 마음에 하나님을 모시기를 거부 하며, 제멋대로 살아가다 죄에 결과에 따른 심판을 받게 된다.

하나님은 당신의 형상대로 지은 인간이 죄를 지었음에도 불구하고 여전히 사랑하셔서 그대로 죄의 형벌(심판)을 내리시지 않고, 우리에게 죄를 돌이키고 다시 하나님 품으로 돌아올 수 있는 길을 열어주셨는데, 그 길이 바로 예수그리스도를 통한 십자가의 길인 것이다. 그(예수)는 우리를 대신하여 십자가 형벌(죽음)을 받으시고,

삼일 만에 다시 살아 나셔서 자신의 영원한 생명으로, 죽은 영적 우리 생명을 살리셨다. 그는 우리를 죄의 자리에서 돌이켜 영원하신 하나님 아버지 품으로 갈 수 있도록 도우시는 하나님의 독생자이시며 우리의 구원자이신 예수그리스도이시다.

"하나님이 세상을 이처럼 사랑하사 독생자를 주셨으니 이는 그를 믿는 자마다 멸망하지 않고 영생을 얻게 하려 하심이니라" (요3:16)

"너희와 모든 이스라엘 백성들은 알라 너희가 십자가에 못 박고 하나님이 죽은 자 가운데서 살리신 나사렛 예수 그리스도의 이름으로 이 사람이 건강하게 되어 너희 앞에 섰느니라" (행4:10)

다른 이로써는 구원을 받을 수 없나니 천하 사람 중에 구원을 받을 만한 다른 이름을 우리에게 주신 일이 없음이라 하였더라" (행4:12)

이처럼 예수그리스도를 통하지 않고는 다른 그 어떤 것으로는 우리가 하나님 앞에 지은 죄를 용서 받을 수가 없는 것이다. 우리가 이러한 예수님 안에서 예수님께서 우리에게 보내신 하나님의 영(주님의 영)이신 성령하나님으로 함께 살아갈 때, 예수님을 통해 십자가에서 이루신 하나님 아버지의 사랑을 깨닫고 알게 되며 그분을 바라볼 수 있는 것이다. 이러한 은혜와 복은 우리의 노력과 잘남과 부유함과 지식으로 얻어지는 것이 아니라, 예수님을 믿고 그분 안에서 성령하나님의 도우심을 받을 때 얻어지는 것이다.

이날 나는 하나님의 영에 이끌리다보니, 설교는 시작의 앞부분에서 하나님의 창조와 사랑, 그리고 끝으로 우리 마음의 소원을 다 아뢰고 나서 예수님의 이름으로 도장을 꾹 찍으면 하나님께서 들으신다는 것이 전부였다. 이것이 기도라고 말씀하고는 설교가 끝났다.

이날 난생 처음 찬송을 불렀는데 그 찬송은 338장 '천부여 의지 없어서'이다. 나는 사실 12살에 나라의 부름으로 학교를 이름으로만 졸업하고, 훈련하느라 공부를 거의 하지 않았기 때문에 악보를 제대로 보지 못한다. 그러나 이 찬송은 처음이지만 생소하지 않고 내 영혼이 오래전에 알고 있었던 것처럼 친숙하게 불렀다. 2절을 부르는 순간 나의 눈이 1절 가사 처음 "천부여 의지 없어서 손들고 옵니다. 주 나를 박대 하시면 나 어디 가리까"에 꽂히면서 순간 나의 상황들이 보이기 시작했다. "아. 내가 바로 의지할 데 없는 자로구나, 내가 아무리 잘해도 누구 하나 나를 고발하기만 하면 나는 언제 체포되어 끌려가 죽임 당할지 모르겠구나." 하면서, 동시에 마음속 깊은 곳에서부터 뭉클한 것이 올라와 울며 기도하기 시작했다.

"하나님 의지할 데 없는 자를 안아 주신다고 하시니 내가 의지 할 데가 없습니다. 이제 내가 주님 앞에 왔으니 나를 꼭 안고가 주세요. 내가 이제부터 하나님을, 시집살이도 힘들어요, 남의 나라도 싫어요, 시시콜콜 다 이야기 나누는 눈에 보이는 육적인 아버지로, 눈에 보이지 않는 영적인 아버지로 모시겠습니다. 이제부터 나를 놓지 마시고 영원토록 꼭 안고 가 주세요, 내가 이제 하나님을 기쁘시게 하는 딸이 되겠습니다."

그렇게 고백하는 순간 "알았다. 아뢰기만 하여라. 내가 다 들어주마" 하시는 주님의 음성을 마음으로 듣는 동시에, 나는 또 영적으로 주님 품에 안기는 것을 보고 느꼈다. 아주 큰 부채 같은 손이 나를 두 손위에 받들고, 그 손위에 놓여 있는 내 모습을 영적인 눈으로 본 것이다. 주님 손 위에 놓인 나의 모습은 아주 볼품이 없는 내가 봐도 싫을 정도의 모습이었다. 나는 어린 시절부터 똑똑하고 예쁘고 잘생긴 아이들만 내 주변에 오게 하고, 조금만 못하면 바보라고 업신여겼다. 사회적으로 성공한 사람들만 보고 그들만 가치 있게 여긴 것이다.

그런데 놀랍게도 주님 손 위에 놓여 있는 내 모습은 성냥개비처럼 작고 볼품이 없는 아주 초라한 모습이었다. 그동안 세상에서 그렇게 볼 품 없다고 무시하고 업신여긴 사람들의 모습과 다르지 않았다. 그런 나를 주님은 못났다고 업신여기지도, 외면하지도 않으시고, 차별하지 않으시고 품에 꼭 안아주셨다. 그 품이 얼마나 크던지 내 손과 발이 하나도 밖으로 새 나오지 않고, 엄마 뱃속에서 금방 나와 품에 안긴 아기마냥, 주님 품에 쏙 들어가 안겼다.

세상에서 맛 볼 수 없었던 따뜻하고 포근한 품이었다. 만일 주님께서도 내가 한 것처럼 똑똑하고 예쁘고 잘나고 가치 있는 사람들만 부르셨다면, 어찌 나 같은 악하디 악한 죄인이 주님 품에 안길 수가 있었겠는가. 차별이 없으신 하나님의 은혜로 나는 첫 날 첫 예배에서 살아계신 하나님을 만났고, 그 하나님을 아버지라 부를 수 있었다.

"영접하는 자 곧 그의 이름을 믿는 자들에게는 하나님의 자녀가 되는 권세를 주셨으니 이는 혈통으로나 육정으로나 사람의 뜻으로 나지 아니하고 오직 하나님께로부터 난 자들이니라"(요 1:12-13)

훗날, 그날의 영적 체험이 하나님의 뜻을 따라, 강권적으로 나를 살리시려는 성령님의 역사라는 것을 깨닫고 '아멘'이라 고백하게 되었다. 모든 영광 하나님께 올려드린다.

하나님 자녀로서 시작한 삶

1997년 3월 9일 부부의 인연을 맺고, 12일부터 시댁에서 집안 친척일 가들과 동네 사람들의 사주팔자를 봐주며, 귀신의 노예로 한 1년 반 남짓 살던 나는 차별 없으신 하나님의 끈질긴 사랑과 자신의 생명으로 나를 살리신 예수님의 십자가의 은혜로, 1998년 12월 12일에 하나님의 딸로 다시 태어났고, 하나님은 나에게 최고의 부모가 되어 주셨다.

주님은 부모, 가진 모든 것과 나라까지 잃고 울고 있는 나에게 엄마 아빠가 되어 주셨고, 나의 삶의 전부가 되어 주셨고, 일시적인 세상 나라가 아니라 영원한 나라로 내 눈물을 닦아 주셨다. 그런 하나님의 품이 너무 좋아 늘 예배 끝나 돌아설 때면 집으로 가기가 아쉬웠고, 다음 예배일까지 하루를 넘기는 것이 1달, 1년처럼 길게 느껴졌다. 더욱 놀라운 것은 새벽잠이 많아 5시에 눈 뜬다는 것은 하늘의 별 따는 것처럼 힘든 나에게 새벽 5시만 되면, "영실아"하고 부르시는 주님을 느꼈다. 꼭 사랑에 빠진 여인에게 속삭이면서 찾는 애인과도 같았다. 그때마다 나는 기다렸다는 듯이 즉시 일어나 주님과 사랑의 속삭임을 한다. 그것이 주님을 만난 후 제일 먼저 나에게 일어난 변화로 새벽 기도하는 모습이었다.

새벽예배가 없는 중국에서는 들어보지 못한 새벽 기도이지만, 주님은 내게 사랑의 시작을 가르쳐 주셨다. 잠자리에 그대로 쪼그리고 엎드려 사랑하는 주님께 조잘 조잘 사랑을 속삭였다. "하나님 아버지 지난 간밤에도 주님 품안에서 생명 연장시켜, 주님 허락하신 이 새날을 볼 수 있게 해 주신 것 감사 합니다. 오늘도 허락하신 이 하루 하나님을 기쁘시게 하는 삶으로 꼭 잡고 이끌어 가 주세요. 예수님의 이름으로 감사드리며 기도드립니다. 아멘." 짧은 속삭임이지만 기도가 끝나고 나면, 나의 영혼은 춤추듯이 아주 기쁘고 다 가진 것처럼 행복했다.

그렇게 주님과 사랑을 시작한지 얼마 안 되어 성탄절을 보내고 이후 송구영신 예배날 밤 마지막 물체인 강대상위에 놓인 불 켜진 굵은 양초를 보았다. 북한에서 체포되던 날 새벽에 꾼 꿈이 풀리지 않아 "언젠가는 열리리라"고 의문 부호를 달았던 세 물체 모두를 주님의 성전에서 확인한 것이다. 1999년을 맞는 새해 첫날, 그 꿈에 나타난 세 물체가 바로 성삼위 하나님을 나타내며, 그분은 이미 나를 알고 계셨다는 것을 깨달았다.

세 물체를 보이신 것이 내 인생을 주관해 주신다는 것임도 깨닫게 되었다. 성경에 말씀은 곧 예수님이시고, 불은 성령님이심을 말하고 있고, 죄인을 위해 아들을 십자가에 내 놓으시기까지 우리를 사랑하신 아버지 하나님의 사랑하심을 나타내주고 계셨다. 나는 이 놀라운 사실을 예수님을 영접하고 하나님의 자녀가 되고서야 알게 된 것이다. 1999년 송구영신 예배가운데 이 엄청난 사실을 알고, 또 다시 그 사랑에 목이 메어 엄청 울었다.

사람 누구나 차별이 없으신 사랑의 하나님 품에 안길 수는 있으나 거룩하시고 공의로우신 하나님의 자녀로 구별된 삶을 스스로 살아가기는 결코 쉽지 않다. 하나님을 기쁘시게 하는 딸이 되겠다고 약속한 나는 늘 주님이 기뻐하는 삶을 살기위해 노력했다. 무엇이든지 눈에 거슬리는 것은 참지 못하고 바로 흥분하고 화를 잘 내는 아주 급한 성격이어서, 하나님의 영광을 위해서 참고 견디며 인내하고, 절제해야 하는 삶은 결코 쉽지 않았다. 하고 싶은 것을 못하면 못 견디는 성품이라 참고 절제하는 것은 엄청나게 힘든 훈련이었다. 화를 참으면 때로는 혈압도 내려가 거의 기절할 정도에 이르기도 하였다. 참으로 하나님의 자녀로 구별된 삶을 산다는 것은 쉬운 일은 아니었다.

똑똑해서, 잘나서, 도덕적으로 예절이 밝아서, 법을 잘 지켜서, 착한 일을 많이 해서, 내세우고 자랑할 만한 공로가 있어서 구원 받은 것이 아니라, 받을 자격 없는 죄인이 값없이 받은 은혜, 사랑으로 하나님의 거룩한 자녀가 되었기 때문에 감사함으로 십자가에 죽기까지 순종하셔서 아버지를 영화롭게 하신 예수님께서 보이신 본을 받아 나도 그 좋으신 하나님을 기쁘시게 해 드리는 것이 당연하다고 생각했다. 이 또한 성령하나님께서 깨닫게 해주신 것이었다.

화가 나서 도저히 참고 견디기 어려울 때면 성령님께서 마음의 문을 두드려 주셔서 기도로 이끌어 주신다. 성령님의 인도하심으로 기도하고 나면 언제 그랬냐 싶을 정도로 화가풀리고 마음이 가라앉으며 차분해 지는 것을 경험하였다. 하나님께서 자연스럽게 인내하는 성격으로 고쳐 주셨다. 나더러 스스로 알아서 고쳐라 했으면 나는 못 고쳤을 것이다. 그러나 주님의 은혜로 오래 참고 인내 하는 법을 배우도록 인도해 주신분이 성령하나님이셨다.

"오직 성령의 열매는 사랑과 희락과 화평과 오래 참음과 자비와 양선과 충성과 온유와 절제니 이같은 것을 금지할 법이 없느니라" (갈 5:22-23)

또한 성령님의 손에 이끌리어 기도의 사람으로 훈련하는 과정 중의 하나가 하나님의 자녀로서 예수님의 이름의 권세가 있음을 알도록 깨우치는 것이었다. 부모의 권세를 누릴 수 있는 자는 바로 자녀밖에 없듯이, 예수님의 공로로 하나님의 자녀가 된 나는 예수님의 권세로 어둠의 세력(귀신)과의 영적 싸움에서 이길 수 있음을 알게 되었다. 5살의 어린 나이부터 귀신의 영향을 받은 나는 원인(진단이 없음)을 알 수 없는 두통이나 여러 질병을 방토(일종의 부적과 같은 것) 하여 환자들의 문제를 해결해 봤지만, 내가 직접 아픔을 느껴 보기는 처음이었다.

예수님을 영접하고 주님과의 사랑에 폭 빠져 살기 시작한지 얼마 안 되어, 이 사랑을 질투하며 못내 못 마땅히 여기는 자가 있다는 것을 알게 되었다. 그것은 바로 어둠의 세력인 사단과 그의 졸개 귀신들이라는 사실이었다. 이들은 순간순간 나에게 찾아 와서 나를 괴롭히기 시작했다. 심한 두통으로 뇌진탕과 비슷한, 속이 메스껍고, 머리가 빠개질 것 같은 통증과 뇌가 흔들리고, 어지러운 증상이 나타났다. 병원을 찾았더니 감기도 아니고 아무 이상이 없다는 것이다. 순간 나는 귀신놀이임을 알아챘다.

집으로 돌아 온 나는 가늠하기 어려운 몸을 끌고 예수님의 초상화와 십자가가 있는 달력 밑으로 기어가 엎드려 기도하기 시작했다. 예수님의 이름으로 무엇이든 다 기도 하면 된다고 했으니(요 16:23,24), 이제 믿음으로 실행에 옮기는 일만이 남았다. 나는 주님께 기도하기 시작했다.

"주님! 주님은 살아계신 분이시고 주님의 이름으로 무엇이든지 구하기만 하면 된다고 하셨으니 이 시간 구합니다. 응답하여 내게 나타내 보여 주소서. 내 안에서 나를 괴롭히는 귀신을 내어 쫓아 주세요. 내가 지금 머리가 너무 아파서 들 수도 없고 죽을 지경입니다. 그러니 나를 좀 도와 주셔서 나를 괴롭히는 귀신을 물리쳐 주시고 다시는 괴롭히지 못하게 막아주세요. 예수님의 이름으로 기도드립니다. 아멘."

그렇게 기도하고 나면 언제 그랬냐 싶을 정도로 머리는 아주 맑고 깨끗하고 말짱하여졌다. 예수님의 이름에 권세가 있고, 그 이름으로 기도만 하면 즉시 응답으로 나타내 주시는 성령님의 역사하심을 통해 기도의 맛을 알게 되었고, 기도할 때마다 하나님이 함께하심을 체험할 뿐만 아니라, 기도 가운데 찾아와 주셔서 만나주시는 하나님의 사랑이 너무 좋아, 시도 때도 없이 작든 크든 조잘 조잘 기도로 나가는 삶이 몸에 배기 시작했다. 그렇게 나는 하나님의 자녀로서의 권세를 주님 안에서 마음껏 누리며, 행복하게 성령님의 손에 이끌리어 가르침을 받고, 살아가는 법을 배우며 즐겁게 살게 되었다. 지금도 여전히 변치 않으시는 하나님의 손에 이끌리어 행복하게 살고 있다.

지나고 나서 되돌아보니, 나를 찾으신 하나님의 꿈은 나를 구원하시는 것뿐만 아니라, 사역자로 삼으시려는 것이었음을 깨닫게 되었다. 하나님이 연출하신 드라마 속에서 맡겨주신 배역을 충실히 해나갔던 것이다. 고난이 닥칠 때마다 견디고 이기게 하신 하나님의 은혜와 사랑이 너무도 고맙다. 하나님께 감사와 찬양을 올려 드린다.

Part 2.

시련을 이기고 연단을 받음

Part 2. 시련을 이기고 연단을 받음

마을에 도착해서야 나는 또 놀라운 사실을 알게 되었다. 다름 아닌 내가 출석하는 교회에서 그동안 나를 위해 모여서 기도해 왔다는 것이다. 사도행전 12장 5-17절에는 잡힌 베드로를 위해 마리아의 집에 모여 기도 하고 천사가 베드로를 무사히 이끌어 나오는 장면이 있다. 하나님의 역사는 어제나 오늘이나 동일하시다. 베드로를 위해 마리아 집에 모여 기도한 그들의 기도를 들으시고 응답해 주셔서 천사를 통해 베드로를 구해 주신 하나님께서, 나를 위해 교회에 모여 기도한 성도들의 기도를 들으시고 응답하시어, 천사 대신 군인을 들어 나를 구해주신 것이다. 하나님은 동일한 역사를 이루신 살아계신 하나님이시다. 굽이굽이 순간순간마다 주님이 함께 하신 발자취가 어려 있다. 크신 하나님의 은혜를 생각하면 지금도 감사의 눈물이 흐른다. 다시금 온 정성과 마음을 다해 살아계신 하나님께 감사를 드린다.

연단시키시는 하나님

일반적으로 사람들은 예수님만 만나면 만사 오케이가 되어 모든 삶의 문제가 다 풀리는 것으로 알고, 또 이것이 복인 것 마냥 잘못된 기복주의 신앙에 잡혀 살아간다. 그러나 진짜 예수님을 만난 자의 고백은 다르다. 죽을 수밖에 없던 죄인이 예수님을 만나 구원을 받고 영생의 기쁨을 맛보며 살아가는 삶이다. 즉 예수님을 만난 최고의 복은 죄 사함의 구원과 영생이다. 물론 이 땅에서의 복도 없는 것은 아니다. 그러나 복의 근본이 잘 못되어서는 안 될 것이다. 하나님의 복을 잘못 이해하면, 예수님을 믿어 세상 물질의 복을 받는다고 먼저 생각하기 때문에, 세상 문제가 해결 안 되면 "하나님은 없어, 살아 계신 분이 아니야."하면서, 주님 품을 떠나기도 하고, 시험에 들기도 하는 것이다.

  눈에 보이지 않는 영적인 하나님, 영적인 세계, 이는 경험한 사람만이 알고 깨달을 수 있다. 그런데 이러한 영적인 연단에는 두 가지가 있다.

  하나는 마귀가 우리로 하여금 낙심하고 좌절하게 하며, 세상으로부터 욕구충당이 되지 않기 때문에 오는 원망과 불평을 통해, 결국 하나님 품을 떠나게 만드는 시험(temptation)이다. 이러한 것들은 결국 우리를 하나님으로부터 분리시켜, 결국 죽음의 구렁텅이(지옥)로 떨어뜨리려는 사단의 계략이다.

또 하나는 하나님께서 우리를 훈련시켜 더 견고한 믿음으로 세워 쓰시기 위해 주시는 시험(test)이 있다. 예수님을 영접한 후 나에게도 제일 먼저 찾아와 하나님과의 관계를 방해한 자가 바로 눈에 보이지 않는 영적인 존재 사단과 그의 졸개 귀신이었다. 그러나 예수님 만나기 전에 이미 귀신의 세계를 알고 있었기 때문에, 나는 어려움이 올수록 살아계신 주님을 더 붙들고 매달릴 수밖에 없었다.

이럴 때에는 하늘과 땅의 권세 자이신 예수님의 이름으로 문제를 향해 선포하면서 물리쳐야 한다. "마귀를 대적하라 그리하면 너희를 피하리라"(약4:7). 예수님의 이름으로 선포하면 어둠의 세력들의 방해는 금방 없어진다. 예수님의 십자가 승리로 우리도 이겨야 한다.

그러므로 예수님 영접하고 난 후, 혹 있을 마귀의 유혹은 물리쳐야하고, 어떤 어려움이 있더라도 나를 단단하게 훈련시키시는 하나님의 뜻임을 깨닫고 견디어야 한다. 나의 신앙과 믿음을 견고히 하고, 하나님의 위대한 구원사역을 위해 쓰시기 위해 주시는 연단이기 때문에, 기쁨으로 기꺼이 받아야 한다. 이 또한 은혜와 복을 받는 통로이기 때문이다.

예수님도 십자가의 고통과 죽음을 통해 우리에게 부활의 영원한 생명의 기쁨을 주셨다. 고통과 희생이 없는 부활의 기쁨은 없다. 그러므로 우리도 주 예수님 안에서 복을 받은 자로서 고통의 연단을 통해, 우리의 신앙이 단단해지도록 훈련 되어야한다. 나도 예수님 만난 기쁨을 맛본 지 얼마 안 되어 사단의 방해로 두통과의 싸움, 남편의 핍박, 강도에 의한 납치, 북송, 사형선고를 받는 일을 겪었다. 그러나 북한 감옥에서 참담한 상황을 극복하게 하시는 승리를 맛보았다. 하나님께서 하신 싸움이다. 연단을 받으며 영적싸움에서 이기고 난 후, 주시는 기쁨은 그 어디에도 비길 데 없다. 영혼의 기쁨이다. 두통이야기는 앞서 했으므로, 다음이야기인 남편의 핍박부터 말해보려 한다.

남편의 핍박

주님을 만나고 난 후 행복한 나날을 보내고 있던 어느 날 성령님께서 제일 먼저 이 기쁜 구원의 소식을 남편에게 전해보라는 마음을 주셨다. 그래서 나는 밤에 잠자기 직전 남편에게 내가 교회 다니고 있으니, 함께 예수님 믿으며 천국도 함께 가자고 이야기 했다. 순간 한 번도 화를 낸 적 없던 남편이 갑자기 돌변하면서 "밥 먹고 할 일 없는 녀(여)편네들이 모여 잡다한 이야기들을 하는 데서 뭘 들을게 있고, 배울게 있어서 그런데 가냐!" 면서, "다시는 가지 마!" 라고 벌컥 화를 냈다.

그런데 문제는 이때부터 예배 요일을 알고 있는 남편이 예배 날만 되면 좋아하는 마작놀이도 안 가고 집에서 나를 지키기 시작했다. 남편의 반대로 인해 나는 더 이상 예배생활이 불가능해 졌다. 그러던 어느 날 중국 우리 교회당을 지어주신 장환목사님(성결교단)과 교인 일행이 우리교회에 방문하러 오셨다. 교회를 세우시고 담임 전도사에게 일임한 이후 처음이자 마지막으로 다녀가시는 걸음이셨다. 그 때가 1999년 2월 말경이다. 믿음생활을 시작한지 몇 달 안 되어서 처음 보는 한국인 목사였다. 목사가 뭔지도 잘 모를 때인데 우리교회에 오신 날 저녁 부흥회를 하시고 그날 밤 누군가의 신고로 공안에 붙잡혀 조사를 받고 늦은 밤에 귀가하셨다. 다음 날 목사님 일행은 남은 일정들을 취소하고 한국으로 돌아가기로 결심하고, 그날 밤 마을에 있는 탈북자들을 위해 하나하나 축복기도를 해주시기로 하셨다.

예배 날이 아니어서 남편이 집에 없는 틈을 타 나도 연락받고 몰래 갔었다. 내 앞에 선 5명의 탈북자들에겐 신변보호와 경제문제에 대한 축복 기도를 해주셨다. 드디어 마지막 내 차례가 되어 축복기도를 하시는데, 앞에 한 기도 내용과 달랐기 때문에 나는 두 귀를 쫑긋 세우고 귀담아 들으며 '아멘'을 외쳤다. 내용은 이렇다.

"하나님 아버지 이제 이 딸이 작은 무대에서 활동하는 딸이 아니라, 전 세계를 강단으로 삼아 살아계신 하나님을 증거 하는 여종이 되게 하소서. 예수님의 이름으로 기도드립니다. 아멘" 나는 잘 알 수 없으나 마음이 기뻤고 기도대로 될 것이라는 마음의 확신이 들었다.

그런데 집으로 돌아오던 남편이 캄캄한 밖에서 이 광경을 다 지켜보고 섰다가 나오는 나의 손을 잡아끌고 집으로 와서 나의 귀싸대기를 한 대 후려치는 것이었다. 처음으로 손까지 대면서 보이는 강한 반응이었다. 예배드리러 가는 것도 반대했는데, 모르는 남자에게 머리를 들이 밀고 뭐하는 거냐고 제대로 화를 낸 것이다. 그렇게 우리 부부는 결혼 후 처음으로 다투게 되었고, 예수님에 대해 이야기도 못하게 했다.

나는 이 모든 사실을 그대로 하나님께 기도로 아뢰기 시작 했다. 1999년 달력에 있는 십자가 밑에 엎드려 "하나님 제 마음은 지금도 성전에 가 있는데 제 육신을 집에 갇혀 가지 못하고 있습니다. 마귀의 도구가 되어 나를 교회로 못 가게 하는 저 남편 영식이가 성령님의 도구가 되어 나를 교회로 어서 가라 떠 밀수 있는 마음 되게 해주세요. 예수님의 이름으로 기도드립니다. 아멘"

밤낮으로 얼마나 간절히 기도했던지 내 기억에는 보름밖에 안 걸린 것 같았는데, 사건이 발생하고 보니 한 달 반가량 시간이 흘러 4월 말이나 되었다.

조직 폭력배에 납치됨

여느 날과 마찬가지로 평범한 하루를 보내고 저녁이후 남편과 말 먹이를 위해 두유까리(콩기름을 짜고 남은 찌꺼기를 둥글게 압축한 것)를 깎아 가마솥에 끓인 후, 밤 10시 반에서야 금방 잠이 막 들었는데 갑자기 창문에 비추는 달빛에 뭔가 번뜩이는 것에 놀라 눈을 떴다. 이미 우리 집에는 조직폭력배 6명이 들어와 있고, 한 명은 밖에서 망을 보고 있는 상태였다. 잠자던 두 도련님들의 목에 각각 한 명씩 칼을 대고 있고, 남편에게는 3명이 달려들어 한 사람은 목에 칼을 대고 있고, 다른 한 사람은 허구리(갈비뼈 아래 잘쏙한 부분)에 칼을 대고 있었다. 또 다른 한 사람은 남편의 입과 그리고 손과 발을 테이프로 묶고 있었다.

마지막 한 사람이 나에게 칼을 겨누고 일어나라고 했다. 얼른 상황 파악을 한 나는 두 말없이 겉옷만 차려 입고 그들을 따라 나섰다. 4월 말경이라고 하나 아직 백두산 밑쪽 동네라 날씨가 추웠다. 그렇게 나는 한순간에 벼락같은 일을 당해 낯선 고장을 향해 그들과 함께 밤길을 달려 새벽 4시반경에 한 작은 도시에 도착했다. 그 곳에는 으리으리하고 무시무시한 폭력배 아이들이 20-30명 정도가 기다리고 있었다. 그렇게 낯선 곳에서 아침 먹고 폭력배 두목과 부두목 2명, 모두 세 명이 다음 작전을 위해 계획을 세우는 것을 보고, 나는 다른 방으로 옮겨졌다.

그들의 다음 작전은 이러했다. 한 조는 낮에 한 공안국에 가서 다음 작전을 위한 준비로 군복을 몇 벌 빌려오는 것이고, 다른 한 조는 나를 저녁에 팔기로 한 팀에게 무사히 팔아넘기는 일들이었다. 그러나 일이 순조롭지 않을 때에는 팔아넘긴 집에서 다시 공안국으로 위장하여 나를 다시 빼 내오는 작전이었다. 이 일을 위해 사전에 미리 군복을 빌려오는 것이었다.

이들의 계획대로 모든 일들이 진행됐고 나는 예정대로 팔렸다. 팔린 시간은 저녁7시, 내가 탈출한 시간은 9시였다. 이 모든 일이 진행되는 동안 나는 집에서 나오는 순간부터 전능하시고 능치 못함이 없으신 하나님께 기도했다. "하나님 아버지 내가 지금 강도들에게 납치되어 갑니다. 이들에게 손톱, 눈 하나, 머리오리 하나 상하지 않고, 무사히 집으로 돌아오도록 지켜주시고 모든 일을 인도해 주세요. 예수님의 이름으로 기도드립니다. 아멘."

모든 과정을 빠짐없이 기도하기 시작했는데, 하나님은 내가 순간순간마다 드리는 기도를 하나도 빠짐없이 들으시고, 걸음마다 지키시고 인도해 주셨다. 전적인 하나님의 도우심으로 그 곳을 탈출한 나는 택시를 타고 연길 시내로 들어가서야 겨우 집에 전화 한 통화할 수 있었다. 사실 이때 사용한 돈도 하나님께서 채워주신 것이다.

집에서 돈 한 푼도 없이 나와 폭력배 아지트에 도착해 3명의 두목들을 만났을 때, 그중 한 두목이 한눈에 나를 맘에 들어 했다. 그렇게 나에게 반한 한 두목이 100원을 주었고, 팔리기 직전 조직원 중 한 아이가 가다가 음료수라도 사서 마시라고 10원을 주어, 모두 합쳐 중국 돈 110원이 있었다. 그 돈으로 택시를 타고 연길까지 와서 집에 전화를 하고, 다시 택시를 타고 긴 밤을 달려 다음날 새벽 6시에야 집에 무사히 도착하게 되었다.

하나님의 은혜로 무사히 탈출했을 뿐만 아니라, 그렇게 간절히 기도한 기도도 응답 받았다. 무사히 집을 찾아온 나를 안아주는 남편에게 "내가 이렇게 무사히 당신 품으로 다시 올수 있었던 것은 다 하나님의 도우심이니, 당신이 이것만은 알아줬으면 좋겠다."고 하자, 남편이 머리를 끄덕이더니 "나도 안다." 고 하는 것이었다. 너무 놀라서 내가 오히려 "당신이 뭘 알아?" 하고 묻자, 내가 없는 하루 동안 다른 것은 다 해 줬는데, 예수님 못 믿게 교회로 나가지 못하게 하고 귀싸대기를 친 것이 제일 후회가 되고 마음이 가장 많이 아파서 견딜 수가 없었다고 했다. 만일 다시 집으로 무사히 오면 반드시 교회로 보내 줄 것이라고 생각 했다며, 그러니 오늘부터 나더러 교회 가라는 것이었다.

나는 너무 놀랍기도 하고 기쁘기도 했다. 이 모든 일이 하나님께서 계획하신 것이다. 나의 간절한 기도를 들으신 하나님께서 남편 품에서 하루를 빼 내었다가 다시 보내주셔서 남편 마음을 움직여 주셨던 것이다. 이 날 이후 지금까지 남편은 그 누구보다 든든한 사역의 협력자가 되었다.

지금도 밥 짓다가도 사역 때문에 나갈 일이 있으면 얼른 가라고 밀어주고, 사역 때문에 늦어지면 남편이 밥도 집안일도 다 해주는 조력자 협력자로 성령님 안에서 함께 주님 바라보며 나가고 있다. 이 모든 은혜를 주신 하나님께 감사와 영광 올려 드린다.

북송되어 사형선고를 받음

(1) 북송됨

이제는 더 이상 다른 일이 없이 모든 일이 순조로이 잘 풀리며 잘 되어 마음 편히 살아도 되겠구나 생각 할 때, 청천병력 같은 일이 또 일어났다.

그것은 다름 아닌 지난번 납치 사건 때문에, 탈북자 신분이 발각되어 북송 당하게 된 것이다. 내가 납치된 일이 마을과 지역 파출소(派出所)에 알려지면서 일이 커졌다. 납치되었다가 집에 돌아온 며칠 후, 현(縣) 형경대(刑警隊, 형사계)라면서 두 명이 우리 집에 왔다.

그들은 나를 통해 납치 경로를 파악했다. 다행히 내가 그 곳에서 나올 때 전화 번호 3개를 가지고 온 것이 있었다. 하나는 큰 두목의 아지트인 처갓집 번호고, 다른 하나는 나와 함께 살자고 호감을 보이며 돈 주었던 다른 두목이 적어준 휴대폰 번호이고, 세 번째 번호는 내가 다른 집으로 잠깐 옮겨져 있을 때, 내 앞에서 전화를 하던 아이가 불러주던 전화번호를 기억했다가 적어둔 번호였다. 나는 이 번호들을 형경대 요원들에게 건네주었다.

그들은 번호를 보자 바로 내가 갔던 고장이 연변 화룡이라고 말하였다. 중국은 모든 집 전화를 다 정보기관이 도청을 한다. 그래서 주로 인신매매하는 사람들은 전화로 사람을 상품이라고 말하고, 사람이 키도 크고 예쁘장하면 최상급 상품이라고 소개 한다.

나도 이번 일을 겪으면서 이러한 사실들을 알게 된 것이다. 일반적으로 사람들은 도청 사실을 잘 모른다. 정부에서 모르게 한 짓이기 때문이다. 모든 조사를 마치고 그들이 돌아가면서 나더러 이제는 안심하고 사셔도 된다고 했다. 자기들이 이제는 보호해 주겠다고 했다. 그럴 것이 당시 시댁과 내가 살고 있는 지역의 정부사람들이 친분을 쌓고 살던 사이이기 때문이었다. 잘 됐다 생각했다. 정부에서도 마음 편히 살도록 보호해 주겠다니 안심이었다. 그렇게 거의 1년가량 마음 편히 살고 있을 무렵 내가 겪은 사건이 너무 커져서 길림성에까지 보고되어 걷잡을 수 없게 되었다. 알고 보니 나를 납치한 조직폭력배 조직이 워낙에 큰 조직이어서 몇 해 전부터 공들여 체포하려고 애썼던 조직이다.

오랜 시간동안 기름 쪽빼지처럼 요리조리 빠지는 그들을 잡으려고, 공안과 형경대, 파출소 요원들이 지친 상태로 머리끝까지 악에 받쳐 이를 갈고 있었다. 그런데 그동안 소재 파악이 안 되어 골머리를 앓고 있던 차에, 나를 통해 그들의 소재가 들어 났고 그들 일행을 검거하게 된 것이다.

워낙에 큰 몸집인데다 웬만한 법은 다 꿰고 있어 검거가 어려웠는데, 결국 잡고 보니 총살감이 한두 명이 아니라, 무려 150명이라는 어마한 연관된 조직의 우두머리들이었다. 이렇게 큰 사건이다 보니, 문제가 현에서만 진행될 상황이 아니었고 동북의 총 집권인 성으로 보고가 되었다. 성 정부에서는 어떤 대가를 치러서라도 다 검거해야 한다고 명령이 떨어졌다. 그리고 나의 대한 조치는 정말 북한 여성인지 아니면 중국의 조선족인지 자세히 알아, 자기 중국 국민인 조선족일 경우엔 인신매매에 대한 뿌리를 뽑고, 내가 북한 여성인 경우 나에 대한 북한의 확인서를 첨부하라는 지시가 내려졌다. 결국 나를 북송할 수밖에 없다면서 매우 유감이라고 그들이 말했다.

나는 이 엄청난 일들을 체포되어서야 알게 되었고, 나를 와서 보는 정부 요직원 마다 "아주머니 덕에 오랜 수고를 덜었다." 면서, 나에 대해서는 유감이고 죄송하다고 했다. 어떤 사람들은 일부러 나를 보러 왔다면서 고맙다고 했다. 그들의 말 한 마디에 그동안 그들이 얼마나 고군분투하며, 힘겨운 싸움을 했는지 짐작할 수가 있었다.

아무튼 나는 이 사건으로 인해 뜻밖의 북송을 당하게 되었다. 일당들의 얼굴을 확인해야 한다며 집에서 데리고 나갔다가, 상급의 명령에 의해 나를 북송시킬 수밖에 없었던 파출소 및 형경대원들은 상급의 지시로 나를 북송시키면서도, 안타까워했다. 헤어질 줄 모르고 나갔다가 안타깝게도 남편과 작별의 인사도 나누지 못한 채 북송되었다.

아무런 준비도 없이 북송당하는 나를 안쓰러운 마음으로 배웅하던 파출소 소장이 자기 수중에 있는 돈 150원(한국 돈 3만원, 그러나 당시 중국 돈 150원은 결코 작은 돈이 아니다.)을 내 손에 쥐어주면서 꼭 다시 돌아만 와 달라며, 혹시라도 강만 건너오게 되면 마중 나온다면서, 자신의 휴대폰 번호까지 적어주었다. 나는 어찌되었던 불법신분 인데도 마음써주며 안타까워 어쩔 줄 모르는 그들이 고마웠다. 그러면서도 아무런 작별도 없이 떠나야 하는 내 마음은 남편에 대한 그리움과 미안함, 그리고 그렇게 일을 처리한 공안당국과 중국정부에 화가 났다.

그렇게 나는 중국에 온지 3년만인 2000년 3월 9일 집에서 나와 10일 북송됐다. 중국 삼합을 거쳐 북한 회령교두를 지나 보위부에 들어섰다. 그 곳에 도착해서 중국에서 한 조치들이 다 사실임을 다시 한 번 확인했다. 북한 당국은 중국에서의 납치사건을 이미 보고 받았고, 이를 위해 나에 대한 조사를 마치고 인솔해온 중국 측 공안 정치위원에게 사실 확인서를 건네주었다.

(2) 철창으로 찾아오신 주님

이후 나는 회령시 보위안전부에 일주일 동안 갇혀 조사를 받았다. 평생 말로만 듣던 감옥에 처음 들어가 보니 분위기가 험했다. 도저히 사람이 있을 곳이 못되었다. 아무리 훈련되었고 간담이 강하다고 하나, 사람의 온정이라고는 느낄 수 없고, 다정한 눈빛대신 살기가 가득한 눈빛들은 등골이 오싹하게 만들었다.

또한 그곳에서 매일 고문에 비명을 지르며, 정신을 잃으면 개처럼 질질 끌어다 감방에 처넣으면 몇 시간, 아니 하루 만에 정신을 차리면, 또 불러다가 똑 같은 고문을 반복하는 취조가 이어졌다. 감방에서 내 자리는 철창 맨 앞이었다. 들어오는 대로 철창 앞에 앉는다.

그 자리에서는 감시 눈을 피할 수 없기 때문에 몸을 움직일 수 없다. 하루 종일 무릎 끓고 앉아 벌 받아야 하는데, 오전 10시에서 10시 30분 사이 한번 휴식이고, 오후 3시30분에서 4시 사이 한번 휴식인데 이때만 온 사지를 마음대로 펼 수 있다. 이런 곳에서 첫날 피투성이가 되어 정신을 잃고 쓰러져 개처럼 끌려 들어온 아이를 보니 공포 그 차체였다.

그뿐만이 아니다. 6개월짜리 임산부를 중국 아이를 임신했다고,

"조선에 남자가 없어서 중국의 씨를 배속에 넣고 왔냐."며, 괜한 열등감에 구둣발로 임산부의 배를 걷어차 피투성이로 정신 잃은 채로 끌어 오기도 했다. 반나절 되어서야 겨우 정신을 차린 산모가 배를 끌어안고 고통을 호소하자 엄살을 부린다면서 호통을 치기도 했다. 생명이 위험해 호소해도 눈 하나 깜짝 않는 그곳에서는 사람이 더 이상 사람일 수가 없었다.

두려운 마음에 떨고 있을 때 하나님께서 조용히 내 곁에 찾아오시어 속삭여 주셨다. "딸아 두려워 말라 내가 이곳에 너와 함께 있다." 성령님의 인도하심으로 마음의 감동 속에 주님의 음성을 듣는 순간 두려움에 떨고 있던 내 마음이 편안해지며, 주님의 위로로 상황에 어울리지 않는 기쁨과 담대함이 생겼다.

요한복음 20장 19-20절에 보면 자신의 대장으로 로마의 압박에서 건져주실 능력의 지도자라고 믿었던 예수님께서 십자가에 못 박혀 죽자, 제자들은 유대인들의 핍박이 두려워서 피해 한 곳에 모였는데, 그들은 아무도 못 들어오도록 문을 닫아 잠갔다. 그런 제자들 가운데 예수님께서 찾아오셨는데, "내니 문을 열어라"고 하시면서, 들어오실 수도 있으셨으나, 그러시지 않으시고 당신의 능치 못함이 없으신 능력으로, 그들 가운데 나타나셔서 두려워하는 제자들에게 평안을 주셨다. 주님은 시간과 공간을 초월하신 전능하신 하나님이시다.

"이 날 곧 안식 후 첫날 저녁 때에 제자들이 유대인들을 두려워하여 모인 곳의 문들을 닫았더니 예수께서 오사 가운데 서서 이르시되 너희에게 평강이 있을 지어다 이 말씀을 하시고 손과 옆구리를 보이시니 제자들이 주를 보고 기뻐하더라" (요20:19-20)

주님은 내가 갇혀 있는 감옥에도 찾아 들어오셔서 두려워 말라고 내가 함께 있다고, 동일한 말씀으로 내게 평안을 주시는 전능하시며 온 우주에 충만 하신 살아계신 하나님이시다. 하나님은 그렇게 당신의 자녀가 있는 곳이면 어디든 함께 계시는 분이심을 깨닫게 해 주셨다.

예외 없이 하루지난 다음날부터 나도 조사 받으러 독방에 불려갔다. 여기저기 피 뿌린 흔적이 있었다. 순간 나의 가슴이 뛰기 시작했고 나는 하나님께 잘 이길 수 있는 힘을 달라고 기도했다. 다섯 평채 안 되는 작은 공간에서 앞 벽에 김일성, 김정일 초상화가 있고, 그 밑에 책상 하나가 놓여 있었다. 드디어 기다리던 취조를 위해 보위요원이 들어 왔다. 새파란 젊은 지도원이었다. 알고 보니 그는 군대에서 보위지도원으로 군 복무하다 제대하고, 사회 보위지도요원으로 발령 받은 지 얼마 안 된 지도요원이었다.

그는 생각과 달리 위협과 폭력이 아닌 차분한 어조로 내게 질문하기 시작했다. 두려움으로 가득 찬 생각과는 다르게 첫날 취조를 마치고 감방으로 들어와 내 자리에 앉았다. 다음날 역시 극도로 긴장된 마음을 안고 불려 나갔다. 역시 별 다른 일이 나에게 일어나지 않았다.

삼 일째 되는 날엔 조사 도중 오십대 중반으로 보이는 보위요원이 들어와 내 담당자에게 깐깐히 조사하라고 으름장을 놓고 나갔다. 순간 마음이 철렁했다. 하지만 별 다른 일 없이 순조롭게 모든 과정이 끝났고, 나를 담당했던 보위부요직원이 다음에 부를 때까지 기다리라고 했다.

감방 동기들이 나더러 너는 어떻게 매 한번 안 맞고 조사 받았냐고 해서, 나도 모른다고 했다. 아무리 생각해도 주님의 은혜라고 밖에 생각나는 것이 없었다. 그로부터 며칠 후 담당 요원이 서류를 들고 찾아 왔다. 종이 한 장 내 밀며 아무런 죄명에 관한 기록도 없이 백지 위 내 이름 석 자에 손도장만 찍었다.

그러면서 "당에서 널 어떻게 도우면 좋겠니?"하고, 오히려 웃으면서 내게 물었다. "시집보내 줄까? 아님 니가 원하는데 보내 줄게!" 하면서, 농담 같은 말을 하고는 잘 지내라면서 갔다. 그곳에서 옹근 한 주를 보낸 나는 월요일 아침에 그 곳에서 나와 죄수들에게 일을 시키는 현장 집결소로 가게 되었다.

(3) 복음전하다 사형선고 받음

집결소는 죄수들을 관리하는 몇몇 직일병(直日兵, 일직병)들 외에는 아무도 없고, 몸은 고달프지만 감옥과 달리 마음의 여유가 있는 곳이었다. 이곳의 일정은 5시30분 기상하여, 개울에 나가 찬 얼음물에 세수하고 들어와, 조기체조 마치고 6시30에서 7시 사이 식사 마친 후, 7시 30분이 되면 일터로 나간다. 하루하루 정해진 일터는 달랐다.

하루 종일 일에 시달리고 돌아오면 저녁 점호(잠자기 전 점검)시간에는 10대 규칙 및 교시(김일성 지시)와 말씀(김정일 지시)을 점검 받는다. 암기한 교시, 말씀 내용을 줄줄 읽어 내려가야 무사히 통과하고, 한번이라도 막히면 5승 5각자로 머리를 쥐어 맞아야 한다. 어떤 날에는 무리지어 때리기도 한다. 그러다 쓰러지면 그냥 창고 같은데 처넣었다가 정신 차리면 또 괴롭힌다. 이곳 분위기도 꽤 무시무시하고 살벌했다.

그 곳의 한 끼 식사도 감방과 다를 바 없는 통 옥수수를 분쇄한 돼지 사료이다. 돌은 물론이고 굵게 갈린 옥수수 속대가 그대로 있다. 이것이 밥이고, 국은 밭에서 거둬들인 배추 시래기 말린 것인데, 그냥 손질 없이 큰 가마솥에 넣고, 소금도 넣지 않고 푹 끓여서 500g

식기에 밥과 국을 한데 담아 준다. 중국집에서 떠나 나올 때 쌍둥이 아기를 유산하고(5차례 유산), 대 수술 받은 나로는 도저히 입에 댈 수가 없어 감옥에서도 7일간을 금식을 했다.

그 결과 영양실조가 왔고 그로 인해 매일 정신을 잃어 쓰러지기 때문에, 이곳 현장에 나가 일 할 수가 없게 되었다. 감사한 것은 그곳에서 잡혀 올 때 알게 된 회령시 아이를 만나, 첫날부터 그 아이 소개로 그곳 총괄 직일관의 관심을 받으며, 모든 일들이 순조롭게 풀리기 시작하였다. 마음씨 착한 성일이라는 직일병을 나의 관리자로 붙여주었고, 그 외에도 다른 직일병들의 도움으로 간신히 버틸 수 있었다.

어떤 날에는 성일이가 싸온 도시락을 나눠 먹으며 한 숨 돌리기도 하면서 간간히 목숨 줄을 이어갔고, 또 어떤 날에는 직일병들이 곱빼기로 갖다 주는 밥들을 아이들에게 나눠 주면서, 그곳에서 적응하기 편했고, 아이들과도 사이가 돈독해 지면서 아이들에게 접근하기가 쉬워졌다. 매일 하루 세 번(새벽5시, 낮12시, 저녁10시)씩 주님께 기도 하던 어느 날, 성령님께서 내 마음에 이곳에서 복음을 전할 것을 강력하게 요구하셨다.

담대해진 마음을 안고 나는 매일 한사람씩 몰래 만나 다시 중국으로 갈 것을 확인하고, 중국에 다시 가거든 꼭 교회에 찾아가서 예수님을 영접할 것을 권하고, 예수님만이 우리의 구원자이시며 생사화복의 주권자이신 것과 영원한 생명의 근원이심으로 그분 안에 영생이 있음을 전파했다. 아이들은 순순히 그렇게 하겠다고 대답을 했다.

그로부터 며칠이 지난 어느 날 별단 장관이 현장 집결소에 나타났다. 그는 전원 집합시키고 다짜고짜 내 이름을 불렀다. 영실이 누구냐는 말에 내라고 손을 들자 앞으로 나서라고 했다. 앞에 나선 나를 독기 눈으로 노려보며, "너 예수인지 뭔지 전한다면서? 죽고 싶냐? 또 걸리면 내 손에 죽을 줄 알아!"라고 경고했다. 그곳에서는 다른 아이의 죄를 발견하고 고발하면 자기 죄가 감소되어 석방이 빨라진다는 것을 나는 몰랐다. 이런 규율 때문에 그동안 복음을 들은 아이들이 자기 살기 위해 나를 고발했다는 것을 알게 되었다. 그런데도 그 아이들로 인해 내 마음이 조금도 서운하거나 밉지가 않았다.

나는 계속 복음을 포기하지 않고 전했다. 그렇게 그 곳에서 3번 경고를 받았다. 그때 나는 순교도 우리의 힘이 아닌 성령하나님에 의해 할 수 있음을 깨닫게 되었다. 사람의 힘은 큰 힘에 눌리면 힘을 발하지 못하지만, 성령하나님께서 주시는 힘은 강하고 겁을 잃고 오히려 담대해 지게 만든다는 사실을 그 곳에서 직접 경험하면서 알게 되었다. 그렇다. 순교 또한 하나님의 강권하시는 은혜요, 복이라는 것을 깨달았다. 직일관과 직일병들이 나를 생각해서, 제발 아무 말도 하지 말라고 신신 부탁했다. 자기네들한테도 영향을 미쳐 불똥이 튄다는 것이다.

그러던 어느 날 그곳에 별단 장관 몇 명이 문권(文券)을 들고 나타났다. 사무실로 들어가는 그들이 가진 문권위에 빨간 도장이 찍혀 있는 것을 보았다. 순간 혹시 나에 대한 처결이 아닐까 하는 생각이 들었다. 잠시 후 그들이 돌아간 뒤 나는 성일이 직일병에게 조용히 물었다. 혹시 빨간 도장이 찍힌 것이 나에 대한 것이 아니냐는 질문에 성일이가 놀라면서 어떻게 아느냐고 물었다.

아까 들어갈 때 봤다고 하자 갑자기 눈물이 글썽하여 나더러 누이가 시범 케이스로 사형선고가 내려졌다는 것이다. 순간 눈앞이 캄캄 하면서 아찔해 지더니 다리맥이 풀렸다. 그 곳에서 예수님의 복음을 전한 것이 문제가 되었고, 본보기로 내가 걸려들어 사형집행이 떨어진 것이다.

나는 간절히 주님께 매달리며 기도하기 시작했다. 회령에서 도 집결소로 옮겨지는 운송수단은 지프차로 한번에 5~6명씩 움직인다고 했다. 나는 하나님께 기차로 후송되게 기차를 보내 달라고 기도했다. 주님은 나의 기도를 들어 주셨다. 그래서 기차로 22명을 한꺼

번에 후송하기로 했고, 이 기차는 회령에 한 달 만에 들어 왔다고 했다. 회령에서의 15일간 일정을 모두 마치고, 드디어 도 집결소로 후송되기까지 하루만 남겨두게 되었다.

(4) 총살장으로 끌려가다 탈출함

드디어 후송 날 아침이 밝았다. 밤새 한 숨도 못자고 뜬 눈으로 날을 밝힌 나는 여전히 주님을 의지하여 기도하고 또 기도했다. 이른 아침부터 후송 인원수를 세며 준비하느라 집결소 안은 어수선한 분위기였다. 후송 군관들도 7명이 와 있었다. 모든 준비를 마친 우리는 두 명 한조로 손에 족쇄(수갑)를 채웠다. 그리고 기차역 검문소로 안내를 받았다. 그 곳에서 다음 출발까지 지시를 기다려야했다. 기차는 정해진 시간보다 많이 지연이 되었다. 오후가 되어 기차가 들어 왔고 우리는 먼저 기차 안 단속 칸으로 옮겨졌다.

그 때 그 곳에 성일이가 간식 꾸러미를 사들고 찾아왔다. 울면서 내 손 꼭 잡고 살 수만 있으면 살아달라고 했다. 유일하게 직일병들 중에 나를 담당해 돌봐 왔기 때문에, 예수님의 복음을 전해들을 수 있었고, 그러는 동안 정이 많이 들었다. 나이는 나보다 2살 어리지만 똑똑하고 정도 많았다. 교대근무를 마치고 온 터라 시간이 남아 있다면서, 차가 떠날 때까지 이런 저런 이야기를 나누고 있는데 장관 두 명이 나타나더니 소리를 지르며 우리를 당장 단속 칸에서 일반 칸으로 이동시키라고 했다.

원래 기차 단속 칸은 통행증 없이 기차를 탄 불법 이동자들을 검거해서 취조하는 칸이어서, 작은 공기창외에 아무것도 없는 작은 공간이다. 그런데 우리 22명 죄수들을 넣으니 칸이 꽉 찼다. 이 또한 탈출을 위한 공간 이동을 위해 살아계신 하나님께 기도한, 나의 기도에 응답해 주신 하나님 은혜였다.

이렇게 매 순간마다 하나님의 손길로 인도를 받았다. 일반 칸으로 옮겨진 나는 창가 쪽으로 얼른 자리를 잡았다. 그렇게 어느덧 시간이 흐르고 기차는 출발을 알리는 긴 기적(汽笛) 소리를 요란하게 울렸다. 성일과 나는 손을 잡고 기차 출발과 함께 헤어졌다. 성일이가 준 간식 꾸러미를 풀어 일행과 나눠 먹으며, 나는 육신의 기력을 조금 찾았다. 후송 책임을 맡은 후송 관들은 우리를 재우지 않고 지칠 때 까지 노래를 지켰다.

밤새 달리는 기차에서 노래를 부르던 죄수들이 한명씩 잠들기 시작했고 그렇게 일행 모두가 잠들었다. 드디어 후송 관들도 잠들었다. 사람이 지쳐 잠들면 업어 가도 모르기 때문에 후송관들도 이 점을 노린 것이다. 그래야 자신들도 편하기 때문이다.

다 잠든 틈을 타 나는 기도하면서 탈출할 기회를 노리기 시작했다. 문제는 손에 채워진 족쇄(수갑)였다. 아무리 용쓰고 애써도 손을 뺄 수가 없었다. 그때 주님의 음성이 마음을 울렸다. "딸아 너 엄지손가락을 안으로 밀면서 족쇄에서 손을 빼면 되지 않겠니?" 라고 하셨다. 시키시는 대로 했더니 손이 쏙 빠져 나왔다. 순간 당황하고 놀라서 나도 모르게 뽑은 손을 다시 밀어 넣었다. 심장이 당장이라도 튀어져 나올 것만 같았고, 손과 함께 온 몸이 떨고 있었다. 그 순간 이상한 낌새라도 느낀 듯 후송관 한명이 손전등(후레쉬)을 비추며 잠자는 아이들 손목의 족쇄를 확인하기 시작했다. 나도 얼른 숨을 죽이고 지쳐 잠을 자는 척 연기를 했다.

잠시 후 후송관이 돌아가 잠을 청하자 조용히 다시 손을 뽑기 위해 시도했다. 놀라운 것은 족쇄의 공간이 하나도 줄지 않고 그대로 있다는 것이 기적이었다. 왜냐하면 족쇄는 살짝만 잘못 건드려도 줄어들기 때문이다. 물체에 걸릴 때까지 조이기 때문에 한번 잃은 공간을 확보할 수가 없다. 그런데 손을 뺐다 도로 집어넣었으니 족쇄가 이를 감지하고 줄어들어야 함에도 불구하고 그대로 있었다. 살아계신 하나님께서 족쇄를 잡고 계셨다고 밖에는 설명이 안 된다. 손목에 채워진 족쇄 공간은 나의 손가락 두 마디 되는 공간이다. 족쇄 채울 때 하나님께서 주신 지혜와 은혜였다.

그렇게 다시 조용히 손을 뺀 후, 한 발씩 의자에 옮겨 놓으며 창턱에 올라 앉아 바깥 상황을 살폈다. 북한 기차는 전등과 창문 유리가 없는 것이 특징이다. 식량난 때문에 통행증 없이 무자비하게 길을 나선 사람들이 정지된 시간 내에 차에 오르고 내림이 원활하게 이루어지지 않아, 창문 유리를 다 부수고 내리고 오르는 일들이 반복되면서, 기차 유리를 바꿀 엄두를 내지 못하고, 겨울에는 담요를 치고 바람을 막고, 전등은 단속을 피하기 위해 사람들이 전등알을 다 뽑아버려 없기 때문에 밤에는 캄캄한 공간에서 다닌다. 다행히 역 구내는 불빛이 환하게 밝기 때문에 내리고 오르는데 별 문제가 없는 것이다. 이런 상황이라 후송관들이 30분에 한 번씩 손전지(후레쉬)로 비추며 검사하는 것이다.

나는 창문에 걸터앉아 뛰어 내릴 준비를 했다. 때 마침 차는 산굽이를 돌고 있어 속도도 줄인 상태이고, 산비탈이라 바닥 높이도 높지 않은 상태였다. 뛰어 내릴 준비를 하고 있는 차에 후송관의 전등불이 차 안을 환히 밝혔다. 더 이상 지체할 수 없었던 나는 예전에 훈련 받은 대로 차와 같은 방향으로 몸을 날렸다. 순간 차 안에서는 소리를 지르고 나는 발이 땅에 닿는 순간 무릎을 가슴에 박고 쓰러졌다.

나의 탈출을 발견한 후송관에 의해 차안은 난리가 났으나, 기차는 여전히 달려갔다. 그렇게 얼마 후 나는 손가락 하나하나를 움직여

보면서 다친 여부를 확인 한 후, 몸 한곳도 상한데 없음을 확인하고 일어서 달리는 기차 방향대로 뛰기 시작했다. 왜냐하면 전 역을 떠난 지 오래되었기 때문에 다음 역까지의 거리가 더 가깝고, 내가 내린 위치는 깊은 산 속이라 칠흑같이 캄캄했기 때문이다.

얼마를 달렸는지 모르나 앞에서 밝은 빛이 보였다. 다음 역 구내였다. 잘못하면 다시 잡힐 수 있어 하나님께 역구내로 들어가기 전, 자동차 길로 안내해 달라고 간곡한 기도를 올렸다. 그렇게 얼마간 더 걸어 가다가 비탈 밑에 자동차 길이 나 있는 것을 발견하고 그 비탈을 따라 굴러 내려갔다. 길에 내려선 나는 다시 돌아온 방향으로 걸음을 옮겨 달리기 시작했다. 어디가 어딘지 알 수 없었지만, 나는 다시 회령으로 가야만 했다. 중국집으로 돌아가는 길이 회령으로 가는 것이 가장 빠르고 가깝기 때문이었다.

(5) 다시 범 소굴로 돌아감

무사히 탈출한 나는 매일 정신을 잃는 순간에도 정신을 가다듬으면서, 날이 물체를 알아볼 정도로 밝으면 걷기 시작하여, 코 앞 사람까지 알아보기 힘들 정도가 되면, 기차역이 있으면 역내 대합실 사람들의 틈에 끼어 자고, 역이 없으면 아무데나 앉아 쪽잠을 자면서, 이를 악물고 이틀 반을 걸었다. 회령에는 낮 10시경에 도착했다. 누구

하나 의지할 데 없고 아는 사람이라곤 성일이 밖에 없었다. 나는 그렇게 성일을 만나기 위해 갇혀 지내던 현장 집결소를 향해 갔다. 드디어 저 눈앞에 성일이가 근무하는 집결소가 보였다. 이제 다리 하나만 건너면 건물이다.

건물을 바라보며 다리 중간 쯤 왔을 때, 원수는 외나무다리에서 만난다더니 처음 이곳에 왔을 때 감정이 안 좋았던 광일 직일병을 만났다. 이 아이는 중국에서 금방 나온 아이들의 옷을 강제로 벗겨 헌옷으로 갈아입히고, 벗긴 좋은 옷을 시장에 내다 팔아먹는 못된 녀석이다. 나도 처음에 이곳에 들어 왔을 때, 그 녀석은 내 옷을 보고 다짜고짜 벗기려다, 내가 저항하자 실랑이했었다. 때마침 직일관 (상관)이 나타나 제지했고, 그는 경고를 받았다.

첫 만남이 껄끄러웠기 때문에 나는 은근 속으로 염려하면서 기도 했다. "하나님 지켜주세요. 저 아이가 마음을 악하게 먹어 나를 해하여 잡아가지 않게 해주세요. 이젠 뛰거나 숨을 곳이 없습니다. 저 아이도 나를 알아 봤습니다. 나의 보호자는 주님 한 분밖에 없습니다. 지키심을 믿습니다. 예수님의 이름으로 기도 드립니다. 아멘."

그 아이가 다가 왔다. 죽어야 할 사람이 죽지 않고 눈앞에 나타나니 그 아이도 놀라서 급하게 나에게 다가와 어떻게 된 일이냐고, 살아서 다행이라면서 뜻밖에 반가워했다. 밥은 먹었냐는 질문에, 이틀 반 꼬박 물 한모금도 못 먹고 지금 막 도착했다고 하자, 밥 먹으러 가자며 나를 데리고 갔다. 간 곳은 다름 아닌 시장이었다. 그가 나를 데리고 간 집은 바로 그동안 옷 거래해온 집이었다.

가는 중간에 장사하는 사람들이 당장에라도 죽을 것 같은 나를 보고 불쌍히 여겨 과자며 사탕을 주머니 속에 넣어주었다. 그렇게 집에 도착하자 광일이는 집주인에게 나를 누이라고 부르면서 나에게 밥 좀 먹이라고 했다. 그는 아무런 말도 없이 밥상을 차려 주었다. 나는 차려준 밥 한 그릇 금세 비웠으나, 아직도 허기는 가시지 않았다. 나를 보며 아주머니가 더 먹겠냐는 말에 나는 얼른 조금 만 더 달라고 염치 불문하고 대답했다.

그렇게 생각지도 못했던 광일을 만나 배도 든든히 채우고 나니 슬슬 졸리기 시작했다. 그러나 졸 수 없었다. 이 아이를 견지해야했기 때문이다. 그런 내 마음을 알아채기라도 하듯 그 아이가 입을 열었다. 내가 더 이상 자기 죄수 아니니 안심하라는 것이다. 그리고 이어 성일이가 근무 교대시간이 됐으니 성일이 만나러 가자는 것이다. 긴장한 채 속으로 기도하면서 다시 둘이서 집결소를 향해 갔다. 도착하자 광일이 나더러 강둑 밑에 숨어있으라고 했다. 자기가 들어가 성일을 불러내겠다는 것이다.

나는 시키는 대로 했다. 한참을 기다려도 성일이가 나오지 않았다. 그렇게 기다리고 있을 그때 군관 두 명이 집결소 안으로 들어가는 것을 보았다. 나는 순간 나와 관련된 일이라는 생각이 들었다. 얼른 얼마쯤 떨어진 곳에서 몸을 낮추고 상황을 살폈다. 좀 이어 성일이가 내 있는 곳으로 달려 나와 나를 찾았다. 우리 둘은 그렇게 광일이 덕분에 쉽게 만나게 되었다.

성일은 방금 들어간 군관 두 명을 봤냐고 물었고, 나는 봤다고 대답했다. 그러자 지금 누나가 도망쳤는데 혹시라도 회령에 나타날 가능성이 높으니 보는 대로 체포하라는 지시가 내려진 것이라고 했다. 내 생각이 틀리지 않았다. 서둘러 그 곳에서 멀지 않은 성일이네 집으로 갔다.

성일은 홀어머니와 지내는데 두 아들 중 성일이가 맏이고 동생은 축구선수로 어머니 품을 떠나 산다. 성일은 어머니에게 자초지종 나에 대해 설명했다. 모든 이야기를 들은 성일이 어머니가 나를 도와주기로 하셨다. 그렇게 그곳에서 3일간 숨어 지내면서 몸도 추스르고 건너갈 곳도 탐색했다. 원래 회령은 국경지역이여서 밤마다 가택수색이 매일 이뤄지는 곳이다. 다행히 성일이 어머니가 인민반장이어서 그 집은 예외이다. 안전원들이 제일 먼저 인민반장네 집으로 와서 반장과 함께 마을을 수색하기 때문에 관계가 좋다. 3일간 도움을 받으니 몸도 추스르게 되었다. 성일이 어머니 도움으로 강 건널 위치도 다 파악하고 드디어 떠날 준비를 모두 마쳤다.

(6) 무사히 강을 건너게 하신 하나님

4일째 되는 날 새벽 2시경에 성일 엄마 안내를 받으며 마을을 벗어 나는데 성공했고, 이제는 교두다리 부근까지는 혼자서 헤쳐 나가야 했다. 하얀 눈이 덮인 곳이라 걸어서 갈 수 없어 700~800m 엎드려 포복전진을 해야 했다. 그렇게 강가에 도착하자 허수아비에게 놀란 가슴을 쓸어내리며, 교두다리 밑으로 강을 무사히 건너 중국 삼합 이라는 곳에 도착했다. 말이 쉽지, 3월말이라 두만강 물은 뼛속까지 얼어붙게 하는 것 같았다. 그렇게 젖은 옷은 물에서 나오자마자 마른 명태처럼 꼿꼿하게 얼어붙었다.

그런 옷을 입고 산으로 올라 옹근 하루(종일)를 걸어 밤에야 깊은 골짜기를 타고 내려 왔다. 다행히 사람들이 다 퇴근하고 없는 벌목 장을 만나 그곳 불빛 도움으로 산을 내려오다가 조선족 한사람을 만나 마을로 함께 가게 되었다. 그 사람의 도움으로 집에 전화 한통 하려던 참이었다. 그런데 그 마을에 들어서자마자 바로 마을 순찰 대에게 걸려 잡혔다.

그 마을은 강변이라 공안 부대가 바로 앞에 있고 저녁마다 순찰한다. 이런 상황이라 그 조선족도 나를 조심스럽게 안내해 데리고 왔는데, 그 집에 거의 다 도착해서 공안 순찰대원과 맞닥뜨린 것이다. 나는 순간 그 자리에 실성하듯 주저앉아 기도하기 시작했다. "겨우 탈출하여 힘겹게 강을 건넜는데 잡히다니 이게 웬 말입니까. 하나님 나 이제 잡혀 북송 되면 구두 발에 채워 맞아 죽습니다. 그러니 이들의 손에서 구해 주세요. 저 이제 이대로 잡혀 나가게 되면 맞아 죽느니 담 벽을 들이받고 죽겠습니다. 주님 보고 계시죠. 다시 한 번 살려 주세요."

언제나 간절한 기도를 드렸지만 이 순간의 기도만큼은 더 애절했다. 다급하고 막다른 길목에 서게 되니, 기도하는 나의 간은 물론 온 몸까지 다 쪼그라드는 것만 같았다.

그렇게 3명의 공안대원에게 잡혀 어느 한 집으로 들어갔다. 3명 중 한명이 조선족이었는데 들어간 집이 바로 그 군인 집이었다. 어머니를 모시고 살았다. 나는 그에게 도와 달라고 사정했다. 나를 유심히 살펴보던 그가 무슨 생각이 들었는지 함께 온 두 명의 한족(중국 본족)에게 중국말로 이 아이를 자기에게 달라면서, 그들에게 술상을 차려 먹이고, 자기 어머니에게 나를 돌봐주라고 말하고는 3명은 부대로 들어갔다. 나는 그 집에 남게 되었다.

나이 많으신 공안대원의 어머니는 미국으로 간 딸이 입던 옷을 나에게 꺼내 주면서 목욕하고 갈아입으라고 했다. 불안한 마음에 얼른 말에 응하지 않으니 나더러 안심하라고 했다. 아들이 말 할 때는 이유가 있고, 별일 없을 것이니 마음 놓고 목욕하고 옷 갈아입고 편히 잠자라는 것이다. 그 말에 나는 시키는 대로 목욕하고 옷 갈아입고, 입고 온 옷은 그 집 아궁이에 넣어 태웠다.

그렇게 다음날 그의 어머니와 아침을 먹고 집안일을 거들어 주고 있는데, 10시경이 되어 아들이 들어 왔다. 잘 잤냐면서 자기랑 함께 결혼해 살자고 제안했다. 그의 어머니도 나를 며느리로 좋다고 했다. 그렇게 중국 국적도 올리고 셋이서 함께 살자며 좋아 했다. 어쩔 수 없이 나는 내가 한 달 전까지만 해도 안도에서 살다가 납치사건 때문에 잡혀 북송되었다가 한 달 만에 다시 들어오는 길이라고 말하자 그 사건을 그 사람도 안다고 했다.

나더러 그 사건에 연루된 여성이 바로 너냐고 물었다. 나라고 대답하면서 그러니 남편이 애타게 기다리고 있는 집으로 보내달라고 사정하기 시작했다. 처음에는 말 안 들으면 잡아가겠다고 협박도 하고 달래기도 하면서, 3일간을 그 집에서 꼼짝 못하게 했다.

백일광이라는 이름의 공안대원은 나보다 한살 위였다. 나를 설득

하려는 그에게 "나를 억압해서 데리고 살수는 있으나 마음은 딴 사람에게 가 있는 겉껍데기만 데리고 살면 무슨 행복이 있겠습니까? 그렇게 살 바엔 나를 보내주고 좋은 처자를 만나 행복하게 살았으면 좋겠습니다." 라고 말하자, 나의 말을 가만히 듣고 있던 그는 내 마음에 감동했다면서 아쉽지만, 나를 남편에게 보내 주겠다고 했다. 너무 고마웠다. 그렇게 하여 다음날 준비하고 공안차로 나를 태워 삼합을 지나 룡정을 걸쳐 집으로 무사히 안전하게 데려다 주었다. 오면서 알게 된 사실인데 삼합에서 룡정 시내로 나오는 사이에 공안 처소가 있어 오가는 버스, 택시, 모든 사람과 차량을 세우고 검사하고 있었다. 다행히 내가 탄 차는 공안 차였기 때문에 검문소 병사들의 경례를 받으며 지나 왔다. 그가 말했다. 내가 도와주지 않으면 이곳을 빠져 나갈 방법이 없었다는 것이다.

결국은 살아계신 하나님께서 이 모든 상황을 아시고 그의 도움을 받도록 모든 과정을 섭리하셨던 것이다. 그래서 때로는 고난도 하나님의 섭리를 이루는데 도구로 작용되기도 한다. 그 마을에 내려와 그 군인들의 손에 잡히지 않았다면 내가 어떻게 그 곳을 빠져 나올 수 있었겠는가? 순간순간 인도하시는 주님의 손길이셨다. 그렇게 무사히 집으로 도착한 우리는 가족과 함께 동네 사람들의 눈물 속에서 회포를 나눴다. 공안대원은 이른 저녁식사를 마치고, 우리 가족과 동네 사람들의 배웅을 받으며, 잘 살라는 한 마디 말을 남기고 부대로 돌아갔다.

마을에 도착해서야 나는 또 놀라운 사실을 알게 되었다. 다름 아닌 내가 출석하는 교회에서 그동안 나를 위해 모여서 기도해 왔다는 것이다. 사도행전 12장 5-17절에는 잡힌 베드로를 위해 마리아의 집에 모여 기도 하고 천사가 베드로를 무사히 이끌어 나오는 장면이 있다. 하나님의 역사는 어제나 오늘이나 동일하시다. 베드로를 위해 마리아 집에 모여 기도한 그들의 기도를 들으시고 응답해 주셔서 천사를 통해 베드로를 구해 주신 하나님께서, 나를 위해 교회에 모여 기도한 성도들의 기도를 들으시고 응답하시어, 천사 대신 군인을 들어 나를 구해주신 것이다.

하나님은 동일한 역사를 이루신 살아계신 하나님이시다. 굽이굽이 순간순간마다 주님이 함께 하신 발자취가 어려 있다. 크신 하나님의 은혜를 생각하면 지금도 감사의 눈물이 흐른다. 다시금 온 정성과 마음을 다해 살아계신 하나님께 감사를 드린다.

Part 3.

부름 받은 땅을 향한 광야길

Part 3. 부름 받은 땅을 향한 광야길

나는 그곳에 분명이 주님께서 예비하신 물이 있음을 알고 여기저기 살펴 보았다.정말 얼마 살피지 않아 모래위에 자갈이 깔려있는 곳에 둘레가 50 ㎝, 물 높이가 한 5㎝ 정도의 작은 물이 있었다. 나는 샘물인지 아닌지를 확인하기 위해 물을 중심으로 좌편과 우편을 둘려 보았으나 물이 흐르는 흔적이 없었다. 이곳이 샘물의 근원지라면 분명히 낮은 쪽으로 흐르는 흔적이 있어야 하는데 없었다. 그렇다면 고인 물인데, 이 뜨거운 열기에 물이 고여 있을 수가 없다. 나는 더 이상 생각하지 않고 무릎을 꿇고 물을 마시기로 했다. 왜냐면 오줌이라도 마실 판인데 샘물, 고인 물 따질 여유가 없었다. 뻣뻣해진 무릎관절을 꺾고 꿇어 엎드려 물을 마시는 순간 나는 깜짝 놀랐다.

택하시고 보호 인도하시는 하나님

2000년 3월 9일에 얼굴 대조 신문 차 나갔다가, 10일에 뜻밖의 북송을 당하여 20여일 만에 다시 중국으로 돌아온 나는, 북한 감방과 현장 집결소에서 보고 겪었던 '트라우마'로 불안한 마음에 이상한 버릇이 생겼다. 다름 아닌 옷을 입은 채로 깊은 잠이 아닌 선잠(잠자는 둥 마는 둥)을 자고, 신발은 창턱에 올려놓고 개만 짖어도 창문으로 도망가는 습관이다. 어떤 날은 불안하여 산속에다 이불을 깔고 잠잘 때도 있었다.

이런 나를 위해 남편이 볏짚을 날라다 바닥에 깔고, 그 위에 비닐과 이불을 깔아주었다. 습기가 전혀 올라오지 않아 따뜻했고, 언제나 곁에 함께 해주는 남편 때문에 맘 편히 잠잘 수 있었다. 그러나 불안한 마음은 지울 수 없었다. 나를 알고 있는 그 곳에서는 도저히 살아낼 자신이 없었다. 남편은 두려워하는 나를 위해 여기저기 옮겨 다니며 살다가 2000년 10월에 큰 형님네 동네로 가서 살게 되었다.

그곳도 조선족 사람들이 모여 사는 동네이다. 그곳에서 새로운 교회에 출석하게 되었고, 그곳 담임 전도사님을 통해 신앙의 훈련을 받으며 신앙이 더 튼튼해지기 시작했다. 또한 그 교회 종(목회자) 및 일꾼들과 함께 영경향 지역 곳곳에 전도 여행도 다니면서, 하나님께서 영혼들을 구원하시는 전도의 기쁨도 맛보았다. 영혼 구원의 기쁨을 맛 볼 때마다, 영혼을 위해 일하시는 분은 내가 아닌 바로 하나님이심을 알았고, 나는 그분의 손에 들려 쓰임 받는 도구이지만, 하나님의 손에 붙들려 쓰임 받는 그 자체가 얼마나 큰 은혜이고 복인지를 깨달았다. 너무도 행복했다. 세상 무엇과도 바꾸고 싶지 않는 주님 안에서만 누릴 수 있는 최고의 행복이다. 이 기쁨과 행복은 주님 안에서 누려본 자만이 아는 은혜이다.

때로는 주의 종들이 문전박대를 당한 집에 담임 전도사님이 기도 중에 나를 다시 보낼 때가 있다. 그럴 때면 나는 울상이 되어 속으로 "주님 종도 쫓겨난 집에 내가 가서 뭘 어떻게 하라고 보내는지 모르겠습니다. 주님 도와주시지 않으면 난 할 말 없습니다. 그러니 도와주세요." 이렇게 투덜대면서도 순종했고, 가면 언제나 열매는 하나님께서 맺어주셨다. 한 영혼을 주님께로 이끌고 돌아오면, 나는 너무 기쁘고 좋아서 만찬 중에 계시는 예수님 사진 앞에서 "예수님이 좋은 걸 어떡합니까" 찬양 부르며 덩실덩실 춤을 추곤 했다.

그렇게 많은 시간과 나날들을 주님과 행복하게 살아가던 어느 날 저녁 밤 10시, 마을이 또 다시 중국 공안의 습격을 받았다. 이 마을에 나 빼고도 시집와 사는 북한 여성 3명과 남성 그리고 아들 딸 데리고 건너와 사는 탈북자 가족이 있었다. 그런데 누군가의 신고를 받고 출동한 중국 공안이 한 트럭으로 몰려와 마을을 전면 포위해 들어오고 있었다. 요란한 개 짖는 소리에 밖으로 나갔더니 마을은 온통 쫓기고 쫓는 아수라장이 되어 있었다.

나도 놀란 가슴을 쓸어내리며 요리조리 골목을 뛰어 다니다가 그만 앞에서 오는 군인들을 보고 그냥 울바자(울타리를 만드는 바자) 사이로 앉아 버렸다. 너무 다급한 나는 둥근달이 환히 밝은 하늘을 바라보며, "하나님 아버지, 이 딸보고 계시죠. 지금 포위되어 더 이상 뛸 데가 없습니다. 나를 주님의 억센 날개 밑에 감추어 주시고 당신의 방패로 나를 가려 주소서. 저 법관들의 눈을 가려서 나를 보지 못하게 해 주소서."라고 간절히 기도하기 시작했다. 그러는 사이 그들은 나의 코앞에까지 다가 왔다.

그런데 환한 둥근달 빛이어서 나를 얼마든지 볼 수 있음에도 불구하고 바로 앞에서 머뭇하다가 그냥 가는 것이었다. 하나님께서 그들의 눈을 가려주셔서 그들이 육의 눈은 떴지만, 소경같이 어두워 바로 코앞에 있는 나를 보지 못하고 그냥 갔던 것이다. 성경에 이와 비슷한 사건이 하나 있다. 열왕기하 6장에 보면 아람 군에 포위된 엘리사가 하나님께 기도하여 포위한 아람군대의 눈을 가려 어둡게 해달라고 기도했고, 그 기도에 하나님께서 응답하셔서 눈이 어두워진 아람군을 사마리아로 데리고 가는 사건이 나온다(왕하6:18-19).

그때처럼 하나님께서는 이날 나의 기도를 들으시고 응답해 주셨던 것이다. 그 당시는 몰랐으나 훗날 성경 속에서 나와 비슷한 상황에, 내가 한 것과 같은 기도로 하나님의 놀라운 은혜를 받은 엘리사의 사건을 발견하고 깜짝 놀랐다. 내가 믿는 하나님은 어제도 계셨고, 오늘도 나의 삶 가운데서도 동일하게 계시는 살아계신 하나님인 것을 보면서, 성경이 어떤 옛말 이야기가 아닌 하나님의 역사와 약속들임을 확실하게 깨닫게 되었다. 하나님은 내가 말씀을 알기 전에 사건을 통해 먼저 일하시고, 후에 말씀으로 확정 시켜주셔서, 나의 믿음을 견고히 서도록 해주셨다. 당신이 택하신 자녀들의 믿음이 견고히 서나가도록 언제나 함께해 주시며, 지키시는 하나님의 크고 놀라운 사랑에 다시금 감사를 드린다.

하나님의 때를 준비하심

2001년 4월 15일은 부활절이었다. 주님께서 우리에게 영원한 생명을 주시고자 죽음을 이기시고 부활하신 뜻깊은 이 날은 나에게도 아주 특별한 날이다. 주님의 은혜로운 손길에 이끌리어 신앙의 훈련을 받으며 은혜와 기쁨을 매일같이 허락해 주신 것도 감사한데, 또다시 큰 은혜와 복으로 인도해 주신 주님 사랑은 감격과 가슴 벅참 그 자체였다. 이 날은 내가 세례 받은 날로 하나님 나라 백성이 된 것을 만인에게 알리는 날이었다. 내 이름이 어린 양 생명책에 기록되었을 것이라 확신하는 순간이었다. 당시 중국은 목사가 없어서 한국에서 온 목사님이 세례식을 거행했다. 안도현에 있는 각 지역 교회에서 준비된 세례자들로 안도의 모 대형교회 안이 꽉 찼다. 세례자들이 맨 앞에 교회 순서대로 앉았다.

나는 떨리는 마음으로 예배를 기다렸다. 드디어 예배가 시작되었고, 순서대로 세례자들이 차례로 강단에 올라가 세례를 받았다. 이 날 세례식을 거행한 목사님은 우리에게 이렇게 말씀하셨다. "이제는 우리가 사는 삶이 우리의 것이 아니요, 나를 위해 십자가에서 피를 흘려 죽으시고, 우리에게 영원한 생명을 주신 주님 안에서 사는 자로서, 이전의 죄악 된 삶의 모습들을 다 버리고 새롭게 태어난 자이니, 삶의 모든 영역에서 하나님의 영광을 위해 본을 보이는 삶을 살아야 한다."고 말씀하셨다.

"내가 그리스도와 함께 십자가에 못 박혔나니 그런즉 이제는 내가 가는 것이 아니요 오직 내 안에 그리스도께서 사시는 것이라 이제 내가 육체 가운데 사는 것은 나를 사랑하사 나를 위하여 자기 자신을 버리신 하나님의 아들을 믿는 믿음 안에서 사는 것이라" (갈2:20).

나는 이 말씀을 가슴에 새기고 목회자 된 지금에도 되새기며, 그날의 다짐을 잃지 않으려고 계속해서 삶을 점검하며 마음가짐을 새롭게 한다.

세례를 통해 하나님 앞에서, 그리고 세상에 하나님의 자녀임을 공포 받은 나는 삶에서 하나님이 싫어하시는 모습들을 제거하기 위해, 기도와 말씀으로 주님을 의지하면서 부단히 노력하며 힘썼다. 나 밖에 모르던 내가 주님이 사랑하는 영혼을 나도 사랑하게 되었고, 인내와 절제가 없던 삶에서 인내와 절제의 삶으로, 마음에 안 들면 삐딱하게 굴던 자세와 태도가 바른 마음의 자세와 태도로, 사람을 함부로 업신여기던 마음가짐이 귀히 여기는 마음으로, 용납을 모르던 삶이 용서하고 포용 하는 삶으로, 분노와 미움과 다툼 등등. 삶의 변화들이 일어나게 되었다.

이러한 구별된 삶(성화되어가는 삶, 거룩한 삶, 성숙한 삶)으로 바뀔 수 있었던 것은 전적으로 성령하나님의 도우심이셨다. 말씀으로 살아가도록 마음에서 채찍질 해주셨다. 성령님의 감화 감동의 인도하심과 말씀을 깨닫고 말씀에 순종하여 살아 가도록 도와주시고 가르쳐주심의 은혜가 없다면 불가능한 일들이다.

요한복음 16장 13절에 보면, "진리의 성령이 오시면 그가 너희를 모든 진리(말씀)가운데로 인도하시리니 그가 스스로 말하지 않고 오직 들은 것을 말하며, 장래 일을 너희에게 알리시리라"고 말씀하고 있다. 말씀에 순종하는 삶으로 변화되어 산다는 것은 성령님의 도우심과 인도하심이 없이는 불가능한 것이다.

주님 안에서 거하는 삶으로 성령님의 손에 이끌려 하루하루 살아가던 그때, 한국에서 오신 목사님을 비롯해 모두 일곱 분의 목사님들로부터 안수 축복기도를 받게 되었는데, 이분들 모두가 하나같이 하는 말이, 나더러 주님께 택함 받은 성직자요, 전도자라는 것이었다. 그러나 정작 본인인 나는 그러한 부르심에 대해 느끼지도 못하고 모르고 있었다. 나는 고민 끝에 주님께 여쭤보기로 했다.

"주님 많은 주님의 종들이 나더러 주님의 택함 받은 성직자요, 전도자라고 말하는데 정작 나는 왜 모르는 것입니까? 나에게도 하나님 아버지 마음을 알게 가르쳐 주세요." 기도 올려 드렸다. 그때 성령님께서 마음속에서 감동으로 "딸아 성경말씀을 펼쳐라"고 말씀하셨다. 나는 즉시 일어나 성경책을 가져다가 펼쳤다. 그때 성령님께서 내손을 잡으시고 필요한 말씀을 펼치도록 해주셨는데, 처음 펼친 부분인 잠언 3장 7-8절 말씀 눈에 확 들어왔다. "스스로 지혜롭게 여기지 말지어다 여호와를 경외하며 악을 떠날지어다. 이것이 네 몸에 양약이 되어 네 골수로 윤택하게 하리라" 는 말씀에, 나는 알 것도 같고 하지만 정확히 알 수 없어 주님께 다시 여쭤보았다.

"주님 이 말씀의 뜻이 무엇입니까? 알 것 같으나 모르겠습니다. 가르쳐주세요." 그때 주님은 내게 이렇게 마음의 감동으로 말씀해 주셨다. "네 스스로 잘나고 똑똑한 척 우쭐거리지 말고 온전한 마음으로 악에서 떠나 나만 의지하며 내 선한 가르침이 네 온 몸에 흐르게 해라"고 가르쳐 주셨다. 나는 "주님, 알겠습니다." 고백하며 "이 말씀이 종으로서 전도자라는 말씀이십니까?" 하고 또 물었다. 그때 주님은 "아니다 다시 펼쳐라"고 말씀하시면서, 이번에는 내손을 잡아 고린도전서 10장 31-33절 말씀으로 나를 이끌어 내 눈을 고정시켜주셨다.

"그런즉 너희가 먹든지 마시든지 무엇을 하든지 다 하나님의 영광을 위하여 하라 유대인에게나 헬라인에게나 하나님의 교회에나 거치는 자가 되지 말고 나와 같이 모든 일에 모든 사람을 기쁘게 하여 자신의 유익을 구하지 아니하고 많은 사람의 유익을 구하여 그들로 구원을 받게 하라" (고전10:31-33)

이번에도 알쏭달쏭하여 주님께 여쭈었더니 주님께서 내 눈 높이에 맞춰 감동으로 설명해 주셨다. "딸아 네 삶의 모든 영역에서 오직 나의 영광을 위해 행하고, 유대인이나 헬라인은 민족을 말하는 것이니, 중국에 있는 57개 민족 상관없이 만나는 사람들에게 나에 대하여 전하고, 교회에 폼으로 성경을 끼고 다니며, 남의 걸림돌 역할을 하는 그런 사람이 되지 말고, 오직 나와 같이 많은 사람들을 기쁘게 하며, 너 자신의 유익보다는 많은 사람들의 유익을 위해 구하며, 그들로 구원 받게 하라"시며 확신을 주셨다. 나는 이날 기도 중에 가르쳐 주신 이 두 부분의 말씀을 성경책에 표시해 놓았고, 주님을 따르는 길에 있어 오직 주님만을 경외하며 그분의 지혜와 능력 안에서 언제나 많은 이들을 위해 간구와 섬기는 일과 주님께로 인도 하는 일을 게을리 하지 않을 것을 다짐했다.

얼마간의 시간이 흘러 담임 전도사님도 나더러 주님의 종으로서 일할 수 있도록 신학교 갈 마음의 준비를 하라는 것이었다. 마음속으로 나같이 부족한 자가 과연 종으로서 쓰임 받을 수 있을까라는 생각을 하니 두렵고 떨렸다. 그러고 있는 사이에 전도사님은 나를 위해 자신이 나온 연변 신학교에 나를 추천해 주셨다. 그 학교는 한국에서 교수진들이 와서 가르치는 조선족 자치주인 연길시에 있는 신학교로 한국 신학대학이 방학을 맞으면 교수들이 이 학교에 오셔서 가르치는 계절학기로 공부한다고 했다. 그래서 7,8월과 1,2월에 공부한다고 했다.

마음에 준비하고 통보를 기다리고 있는데 어느 날 전도사님이 나를 불렀다. 입학이 거절되었는데 이유인즉 내가 북한 사람이어서 중국 종교국에서 불시에 검열할 경우, 내 신분이 노출되면 학교가 벌금뿐 아니라 문을 닫게 된다는 것이었다. 솔직히 자신이 없었던 나는 "하나님의 뜻이 아니다. 오히려 잘 되었다."고 생각하고 남들처럼 평범하게 전도나 하면서 살던가, 아니면 다른 아이들처럼 한국에나 한번 가서 살아볼까, 여러 생각을 하면서 나날을 보내고 있었다. 그러던 중 탈북자들을 한국으로 인도하시는 한국 목사님을 우리교회에서 만나게 되었다.

그분은 다른 사람들은 인도해 가면서 나를 데려가 달라고 하는 말에 "자매님은 안 됩니다."하고 단 번에 거절했다. 순간 나는 마음이 서운하여 속으로 "흥, 꼭 한국에 가서 살아야 하나? 중국에서도 잘만 살고 있는데!" 하면서 스스로 마음을 위안했다.

그러나 하나님의 생각과 계획은 따로 있으신 것이었다. 만일 이때 하나님께서 한국행을 허락하셨다면, 주님께서 가라고 하신 종의 길을 거역하고, 세상에 빠져 살았을 것이다. 나를 만드신 하나님이시기에 나보다 나를 더 잘 아셨던 것이다. 그래서 그 길을 거절하시고 막으신 것이다.

　또 다시 삶을 주님께 맡기고 영혼구원 사역에 힘쓰며 시간의 흐름 속에 살아가고 있을 때, 한국에서 오신 부흥강사목사님의 집회에서 나는 다시금 도전을 받았다. 부흥강사 목사님은 자신이 목회자가 되기 위해 신학교를 결정할 때도 하나님께 기도하여 학교를 인도함 받았고, 교회를 개척 할 때에도 기도한 후 교회 이름을 받았다고 말씀하셨다. 그때 나도 하나님께 여쭤보기로 마음먹었다. 그리고 기도했다.

　"주님 중국에서 신학교 가는 것이 안 되었는데, 과연 하나님의 뜻이 내가 주님의 종으로 부름 받아 쓰임 받는 것이 아버지의 뜻이면, 나로 하여금 내 나라, 내 언어, 내 땅덩어리인 저 한국에 가서 신학교에 입학하여 공부하고, 주님의 때에 저 세상에 나아가 영혼구원을 위해 쓰임 받게 해 주세요." 라고 기도드렸다. 어쩌면 하나님은 이 고백을 받으시기를 원하셨던 것이다. 이 고백은 어떤 상황에서도 하나님께 올린 기도임으로 지키려고 애쓰기 때문이다.

그로부터 얼마 안 되어 동생으로부터 한통의 전화가 걸려 왔다. 한국 가는 길이 열렸는데 브로커에게 한 사람당 중국 돈 2000원(한국 돈 40만원)씩만 내면 되니, 언니 가면 나도 가고 언니 안가면 나도 안 가니까 결정해서 답해 달라는 것이었다. 통화를 마친 내 마음이 쿵쾅거리며 뛰기 시작했다. 나는 얼른 하나님 앞에 엎드려

기도하기 시작했다. "하나님 이 길이 정말 하나님 예비하신 길입니까? 지난번 목사님 통해 한국 가려고 할 때는 막으시더니 이번에는 왜 승산도 없는 브로커를 통해 가는 길을 열어주십니까? 만일 이 길에 나를 세우시는 것이 아버지 뜻이면 나로 가게 해 주시고 나의 욕심이면 내려놓고 미련 갖지 않게 해주세요."

그때 주님은 내게 이렇게 마음의 감동으로 속삭여 주셨다. "딸아 내가 너를 이 길에 세우는 것은 너를 통해 이길 위에서 구원하고자 하는 영혼들이 있다."고 말씀해 주셨다. 주님이 주시는 확신을 안고 나는 동생과 함께 한국으로 가기로 결심을 하고 동생에게 준비하도록 답을 해 주었다. 그런데 문제는 남편이었다. 한국으로 간다고 하면 반대 할 것이 불 보듯 뻔하기 때문에, 나는 동생 있는 심양에 가서 며칠간 놀다오겠다고 허락을 구하였으나 이 또한 허락하지 않았다.

나는 또다시 주님께 "주님, 이 길이 주님 뜻일진대 남편이 반대하니 집에서 나갈 수가 없습니다. 남편의 마음을 움직여 주세요."라

고 저녁과 새벽에 기도했다. 마침내 아침식사 후 남편이 허락을 했다. 나는 짐을 챙겼는데 남편이 눈치 채지 못하게 하려고 가방에 옷한 벌도 없이 성경책과 공부하던 책들만 넣고 출발했다. 사실 아무것도 모르는 남편을 두고 오는 것이 마음에 걸려 발걸음이 무거웠다. 그러나 빨리 한국에 도착하여 남편과 재회하기를 바라며 집을나섰다.

죽음의 광야를 지나게 하심

(1) 광야로 보내신 하나님

2004년 6월8일 나는 주님의 인도하심에 따라 집을 떠나 중국 심양에서 동생과 함께 할 일행들을 만났고, 다음날 9일 중국 내몽골지역을 가기 위해 장춘행기차를 타고 출발해 9일 저녁에 내몽골 지역 변경이 가까운 곳에 도착해 한 호텔에서 모두 10명의 일행이 모여 브로커를 만났고, 그에게 약속된 금액 2000원을 지불했다. 잠시 후 결산을 다 마친 브로커가 입을 열었다. 내용인즉 20명이 모여 함께 가야 하는데, 아직 도착 못한 10명을 데리고 올 때까지, 우리더러 그 호텔에서 기다리라는 것이다. 하루 이틀 삼일 지나면서 나는 그곳에서 복음을 전하기 시작했다.

왜냐면 나를 통해 이 길에서 분명히 구원해야 할 영혼이 있다고 주님께서 말씀 하셨기 때문이다. 그렇게 기다리며 사일이 지나도(5일째 되는 14일) 브로커가 오지 않자 우리는 사기 당했다 생각했고, 다른 조들은 다시 헤어져 돌아갔다. 이제 우리 조만 남았으나 예외 없이 각자 자기 집으로 돌아가자는 의견이었다. 그러나 나의 생각은 달랐다. 다른 사람들은 몰라도 나는 하나님께 기도로 인도함을 받았고, 분명이 이 길에 나를 통해 구원 하고자 하는 영혼들이 있다고 하신 말씀을 받고 떠났기 때문에 그대로 포기할 수 없었다.

그래서 나는 내가 오게 된 모든 동기와 목적을 말했다. 그러니 나는 이대로 집에 갈수 없으니 나와 함께 한국으로 갈 사람은 남아 나와 함께 움직일 것을 권유했다. 우리 일행은 모두 4명으로 나와 동생 그리고 타인 2명이었다. 타인 두 명이 함께하기로 결정하자, 나는 중국어에 능통한 동생과 나보다 한 살 위인 A양을 내 몽골 경비대 중대장에게 협상을 위해 보냈다. 협상 내용은 우리가 한 사람당 중국 돈 5000원씩을 줄 테니, 우리를 몽골로 넘겨달라고 제안했다. 다행이 만주족인 중대장은 그렇게 하기로 흔쾌히 승인했다. 그런데 나보다 두 살 위인 B양은 약속한 돈을 지불할 능력이 없었다.

나는 동생에게 먼저 지불해 주고 나중에 한국에 가서 받자고 의견을 제의 했고, 그렇게 동생이 그 아이의 몫까지 지불해 주었다. 우리는 새벽에 넘기로 하고 저녁 9시에 한 식당에서 중대장과 함께 식사를 하고 있었는데, 난데없이 중대장이 "신죠런 유마?"하고 물었다. 이 말은 신을 믿는 사람이 있느냐는 말이다. 그 때 아이들은 약속이나 한 듯이 동시에 나를 가리키며 "여기 하나님의 딸이 있다."고 하자, "그러면 되었다."고 했다. 그때 나는 그렇게 묻는 중대장의 의미 심장함을 깨닫지 못했다. 즉 신의 도움이 없이는 갈수 없는 길인 것이다.

그 자리에서 깨달았으면 그길로 오지 않았을 것이다. 그러나 하나님께서 그 길 위에 세우기 위해 나의 판단 능력을 흐리게 하신 것이다. 모든 것을 간섭하시고 이끄시는 분은 전능하신 하나님이시기 때문이다.

식사를 마친 후 우리는 중대장의 차를 타고 달리고 달려 드디어 중국 내몽골과 몽골 사이 국경 철조망을 15일 새벽 2시경에 넘게 되었다. 중대장은 옹근 하루(온 종일)를 걸으면 15일 당일 저녁7시경엔 몽골 인가를 만나게 된다고 알려주었다. 우리는 출발할 때 사두었던 간식과 음료를 마음껏 먹고 마시며 신나게 걸었다. 나는 한국으로 오게 되어 기쁘기도 하지만, 마음 한켠 부모님에 대한 미안함이 있었다.

그래서 나는 잠시 쉴 틈에 조용히 하나님께 기도드렸다. "하나님 아버지 이제 나는 하나님의 은혜 속에서 더 살기 좋은 한국으로 가는 데, 부모님 가시는 마지막 길도 배웅 못해드리고, 묘비도 어디에 두었는지 조차 모르는 불효자가 되어 기약 없는 길을 떠납니다. 어떡하면 좋습니까?"

울고 있는 내게 주님은 지나온 세월을 영화 장면같이 눈앞에 환상으로 보여 주셨다. 그러시면서 "딸아, 너희 부모는 너를 이만큼 키워 나에게 바치는 것이 이 땅에 살아 있어야 할 이유였다. 이제 그 일을 마쳤으니 내가 불러 간 것이다. 앞으로 수많은 고아들을 보내 줄 테니 너도 네 부모가 그랬듯이, 내 사랑으로 아이들을 돌보고 양육해라. 이를 위해 너를 고아로 만들었다. 네가 고아가 되어 봐야 고아의 설움과 아픔을 알 수 있기 때문이다. 그리고 이 일을 위해 네 자녀(5번 유산함)도 취해 갔다." 고 말씀해 주셨다. 순간 정신이 번득하는 깨우침이 있었다.

아! 믿는 자든, 안 믿는 자든 모든 인류는 다 하나님의 주권적 통치와 섭리, 그리고 그분의 계획안에서 살아감을 알게 되었다. 그뿐만 아니라 고아들을 위해 내 자녀를 허락하지 않으셨다는 말씀에, 간사한 인간의 이중적 마음을 깨닫게 되었다. 자기 자식이 있으면 아무리 다른 자식들을 잘 돌본다고 해도, 좋은 것이 있으면 먼저 자신의 자식에게 주는 것이 인간 부모의 마음이기 때문이다. 하나님은 온전히 내게 맡겨줄 고아들을 잘 돌보라고 나를 고아를 만들고 자식을 허락지 않으셨던 것이다. 이 얼마나 크고 놀라운 사랑인가?

이때 나는 가슴속에 돌덩이 같은 것이 녹아 내려가는 또 하나의 체험을 하였고,

이 날 이후로 부모님 생각이나 말을 해도 울지 않았다. 이날 하나님은 부모님께 송구하여 울고 있는 내 눈의 눈물을 닦아주셨고, 부

모님에 대한 죄책감에 사로잡힌 나의 마음을 만져주시고 위로해 주셨다. 그리고 사명도 부여해 주신 것이다. 나는 다시 힘을 얻고 용기를 내어 일어나 걷기 시작했다.

그런데 저녁 7시면 인가를 만난다던 인가는 기미조차 안 보였다. 슬슬 우리는 긴장하기 시작했고, 적어도 다음날에는 만날 것이라는 기대로 서로의 마음에 위안을 주었다. 그렇게 우리는 다음날을 기약하고 칠흑 같은 어두운 산속에서 나무 한 대(그루)를 중심으로 사인방이 둘려 앉아 자신의 앞을 경계하면서 밤을 보내게 되었다.

밤새 맹수의 울부짖음 때문에 예민한 나는 잠 잘 수가 없어 보호하시는 하나님께 간절한 마음으로 기도하기 시작했다. 믿음의 자녀인 내가 일행을 이끌고 왔기 때문에 마음을 놓을 수가 없어, "하나님 오늘 만난다던 인가는 못 만나고 이곳에 맹수가 있는 것 같습니다. 맹수로부터 우리를 지켜주시고 맞닥뜨리지 않도록 도와주세요." 라고 기도를 올렸다.

뜬 눈으로 밤을 보내고 날이 희미하게 밝아오는 것을 보고, "오늘 하루도 주님의 은혜로 보호해주시고 길을 인도해 주소서!" 부탁기도를 다시 올렸다. 기도를 마친 나는 일행을 깨워 다시 길을 재촉했다(광야 둘째 날, 16일). 아침 마지막 산등선을 오를 때, 나보다 한 살

위인 A양 아이가 겁에 질려 소리를 지르자 우리는 다 그 아이 쪽으로 몰려갔다. 언제 죽었는지 모르는 사람 해골이 있었고, 그것을 발견한 A양은 온 몸을 떨고 있었다. 이일이 있은 후에 A양은 출혈하기 시작했다. 복음을 전할 때면 언제나 자기 자신의 힘만을 믿는다고 호호 장담하며, 유난히 혼자서 미운 행동만을 골라 한 아이였다. 그래서 일행 모두가 곱게 보지 않는 아이다.

나는 A양을 진정시키고 다른 길로 인도해 그 산을 얼른 빠져 나왔다. 엎친데 겹친 격으로 산을 벗어나니, 이번에는 끝이 안 보이는 모래사막이 눈앞에 펼쳐졌다. 이때서야 나는 비로소 중대장의 말 의미를 깨달았다. 신의 도움이 없이는 살아남기 힘든 곳, 걷다가 철조망이 보이면 넘지 말고 속히 안으로 뛰어 가라는 당부, 모두가 이치에 들어맞았다. 이곳은 한치 앞을 분간하기 힘들며 헤매다가 결국에는 제 위치로 돌아 올 수밖에 없고, 철조망을 넘으면 중국 땅이어서, 다시 붙잡힐 수 있기 때문에 넘지 말라고 당부한 것이다.

결국 중대장은 우리가 죽든지 아니면 신의 도움으로 운이 좋아 살면 살고, 돈만 벌면 된다는 심정으로 길도 물도 없고, 헤매다 죽을 곳임을 뻔히 알면서도 모래사막으로 우리를 들여보낸 것이다.

그렇게 우리는 끝없이 펼쳐진 뜨거운 모래 광야를 걷고 또 걷다가 잠시 쉬는 시간을 통해 또 기도를 올렸다. "주님 모든 곳이 비슷하여 방향을 잘 모르겠습니다. 나아갈 방향을 가르쳐 주세요." 그때 주님은 내게 감동으로 마음속에서 동·서 중간으로 걸으라고 가르쳐 주심과 동시에 기독교 영화에서 본 모세와 예수님의 형상을 보여 주셨다. 나는 무슨 의미인지 몰라 다시 주님께 여쭸다. "주님 모세를 보여주심은 무슨 의미입니까?" 그때 주님은 또 말씀해 주셨다. "내 종 모세가 내 백성 이스라엘을 광야 40년 세월 이끌 때, 나만 바라보며 의지하고 이끌었듯이 너도 이곳에서 나만 바라보며 일행을 이끌어라." "네 주님 알겠습니다."

"그러면 예수님의 형상은요?" 하고 묻자, "내 아들 예수는 광야에서 마귀의 시험을 말씀으로 온전히 이겼던 것처럼 너도 말씀을 부여잡고 이겨 내라." "네 아버지 알겠습니다. 그러니 내게 말씀을 주세요." 라고 하자, 주님은 내게 성경 말씀 시편 91편 15절을 읽으라는 감동을 주셨다. 얼른 가방 속에서 성경을 꺼내들고 시편 91편 15절을 읽었다.

"그가 내게 간구하리니 내가 그에게 응답하리라 그들이 환난 당할 때에 내가 그와 함께 하여 그를 건지고 영화롭게 하리라" (시91:15)

이 귀한 말씀을 나는 알 것 같으나 잘 몰라 다시 주님께 물었다. "주님 이 말씀의 의미를 잘 모르겠습니다. 가르쳐 주세요." 그러자 주님은 "너희가 처한 이 환경이 바로 환난이다. 이곳에 내가 너와 함께 있고 또 내게 부르짖어 기도할 때, 내가 너의 기도에 바로 응답해 주겠고, 마침내 너희를 이곳에서 건져 너희가 바라는 한국으로 보내주겠다는 약속이다." 고 말씀해 주셨다.

나는 즉시 이 말씀을 붙들고 하나님 이루시는 일들을 바라보라는 뜻임을 알 수 있었다. 나는 기도 가운데 찾아와 말씀해 주신 주님의 약속들을 일행에게 그대로 이야기했다. 이때 이 시간 후부터 나는 이 약속의 말씀을 붙들고 일행과 함께 기도하고 매번 기도의 응답을 공유했다. 그렇게 주님께서 가르쳐주신 대로 지혜를 얻어 해 떠오르는 동쪽을 왼쪽으로 놓고, 오후에는 해 지는 서쪽을 오른편으로 하여 앞을 향해 일행을 이끌었다. 그리고 휴식 때마다 일행에게 기도제목을 나누고 함께 기도와 찬송을 드렸다.

(2) 기약 없는 광야

광야길 3일째 되는 날(17일) 새벽 기도를 통해 오늘도 우리의 길을 인도해 주실 것을 주님께 간구하고 일행을 이끌었다. 그런데 전날까지는 그래도 버티던 일행이 하나 둘씩 힘을 잃어가기 시작했다. 그것도 그럴 것이 뜨거운 열기에 달아오른 뜨거운 모래 바닥이 푹푹 빠지는데다, 내리 쬐는 태양열을 받아 다시 뿜어내는 모래 열로 숨은 막히고, 목은 말라 갈증으로 힘들고 다리는 맥이 빠지고, 일행은 점점 지쳐가기 시작한 것이다.

급기야 서로의 길을 위해 흩어지자는 제안을 했다. 함께 죽지 말고 살 자는 살고 죽을 자는 죽고 각자 자기 운명에 맡기고 길을 가자는 것이다. 이때 나는 성령님의 강한 인도하심에 담대히, "이 길에 전능하신 하나님이 우리와 함께 계시니, 누구도 죽을 권한도 없고 죽을 일도 없다. 하나님께서 반드시 우리를 한국으로 이끌어 가신다. 하나님은 약속을 지키시는 분이시다."고 힘 있게 외치며 일행을 이끌었다.

이 자신감은 성령님으로부터 나온 것이요, 나의 힘이 아니었다. 지금 생각해도 놀라울 뿐이다. 그 두려운 상황에서 성령하나님의 인도하심이라고 밖에는 달리 해석이 안 된다. 주님의 이끄심이 아니고서는 우리는 그 곳에서 다 황당해서 이성을 잃고 정신이 빠져 헤매다 결국 죽었을 것이다. 나중 이야기이지만 몽골군에 잡혔을 때 국경 경비대원들이 이구동성으로 하늘이 돕지 않고서는 이 구간에서 개미 한 마리 살아남지 못한다고 했다. 사실이다. 주님의 은혜와 돌보심이 아니고서는 도저히 살아남을 수 없는 시간들이다. 우리 주님께 다시금 감사드린다.

나는 그렇게 한치 앞도 가늠하기 힘든 상황가운데서 오직 성령님의 인도하심으로 일행을 격려하며 함께 기도하며 나아갔다. 일행이 무릎 관절이 아파 무릎을 꺾지 못해 아파할 때면, 무릎에 손을 얹고 예수님 이름으로 기도했다. 그러면 다시 무릎 통증이 사라지고 뻣뻣해진 다리가 다시 풀려 걷기도 하곤 했다. 그렇게 사막의 한 복판에서 나를 통해 일하시는 하나님의 역사를 믿음 없는 사람들이 체험하며, 살아서 우리와 함께 하시는 전능하신 하나님의 영광을 그때그때 바라보게 하셨다.

그뿐만 아니라 이날 모든 인류뿐만 아니라, 모든 자연계도 다스리시고 통치하시는 하나님의 그 손길을 보게 하셨다. 이날 오후부터 내리기 시작한 안개비는 저녁 늦은 시간까지 이어졌다. 그 비에 우리는 모두 옷이 젖었다. 더위와 힘겹게 싸우던 우리는 처음에는 안개비가 시원해서 반가웠으나, 시간이 지남에 따라 옷이 다 젖어, 바람 때문에 이제는 추위와 싸워야 했다. 몽골사막은 낮에는 엄청 뜨겁고 밤에는 엄청 춥다. 낮과 밤 온도 차가 심하다. 다행인 것은 밤이 낮에 비해 아주 짧다.

그렇게 우리는 지친 몸을 이끌고 다가오는 밤을 맞이하여 잠자리에 들었다. 시간이 얼마 지나지 않아 사방에서 굵은 비방울이 떨어지는 소리가 하나 둘씩 들리기 시작했다. 나는 다급히 기도하려고 일어났다. 그때 나보다 두 살 많은 B양이 함께 일어났다. 나는 얼른 비구름을 몰아가 달라고 하나님께 기도하자고 기도제목을 공유했다. 그러자 B양이 아이들을 다 깨워서 함께 기도하자고 했다. 나는 자는 아이들은 놔두고 우리 둘이서 기도해도 하나님이 들으시니, 안자는 우리 둘이서 기도하자고 대답했다. 사실 B양은 1년간 교회에 다닌 경험이 있었다. 그래서 누구보다 복음으로 이끄는 나의 말에 잘 따라줬던 것이다. 나는 간절한 마음으로 기도하기 시작했다.

"하나님 아버지 모든 자연도 주님 말씀에 순종하는 줄 믿습니다. 지금 오후부터 내린 안개비로 우리는 이미 옷이 다 젖은 상태입니다. 이 딸에게는 책 외에 아무 여벌 옷 하나 없는 것 주님이 아시죠. 이미 옷이 젖어 이 딸은 너무 춥습니다.
  인가가 없는 이곳에서 감기라도 걸리면 열로 다 죽을 수도 있사오니, 주님 이 먹장구름을 우리에게서 지나가게 해 주셔서, 우리가 이 비를 맞지 않게 해 주세요." 나는 모든 것을 이루시는 능치 못함이 없으신 하나님께 예수님의 이름으로 간절히 기도드렸다.

  잠시 후 우리 눈을 의심할 정도의 놀라운 광경이 펼쳐졌다. 바로 하늘의 창이 열리면서 별들이 반짝반짝 빛을 내며, 우리가 누운 곳을 내리 쬐어 주었다. 마치 칠흑같이 어두운 데서 차가 헤드라이트로 한 곳을 비추듯이 말이다. 나는 너무 황홀한 마음에 옆에 누운 B양에게 말했다.

"○○아, 보고 있느냐?"그가 "응." 하고 보고 있다고 대답했다. "하나님께서 우리의 기도를 들으시고 바로 응답하셔서서 비구름을 몰아 주셨다. 하나님은 살아계셔서 지금 우리와 함께 계신다. 이제는 알겠니? 그러니 함께 주님을 믿고 바라보자." 나는 B양에게 확신을 주었다. 그러자 B양이 대답했다. "사실 너를 만나 처음 예수님에 대해 듣고 함께 이 광야를 오면서 너와 함께 기도 할 때마다 함께하시는 하나님은 살아계시는 분이심을 느꼈다."고 고백했다.

그의 첫 고백을 듣는 나의 마음은 나를 통해 이 영혼의 심령에 자신의 영광을 나타내 주신 하나님께 얼마나 감사했는지 모른다. 하나님은 그렇게 믿는 우리 한 사람 한 사람을 통해 믿음 없는 영혼들을 찾고 만나 주신다. 그렇게 주님의 보살핌 속에서 3일째 되는 날도 무사히 보내게 되었다.

(3) 처절한 부르짖음

광야 4일(18일)째. 여느 날과 마찬가지로 일행을 돌보며 새우잠으로 밤을 보내고 기도로 오늘 하루도 의탁하며, 희미하게 밝아오는 새 아침을 맞으며 일행을 깨워 발걸음을 재촉하기 시작했다. 기약 없는 길이기에 얼마나 더 걸어야 할지 모르지만, 그래도 새벽에 힘을 내어 더워지기 전에 많이 걸을 수 있기 때문이다. 낮이 긴 몽골 광야는 10시 전부터 숨이 막히는 고열이기 때문에, 한 발자국이라도 더 옮기려면 힘 있는 아침 시간이 좋다. 까마득히 펼쳐진 모래사막만 바라보아도 막막하고 힘이 빠져간다.

아무런 소망조차 보이지 않는다. 그런데 더 힘든 것은 3일째 음식은 고사하고 물 한모금도 마시지 못한 채 뜨거운 더위와 사투를 벌려야 하니 죽을 지경이었다.

사실 입안에 도는 침샘과 오줌은 우리 몸에 수분이 있을 때나 가능한 것이었다. 우리 몸은 이미 갈증으로 힘들어 하고 있었다. 혀는 물론이고 입안 전체가 바짝 말라 타들어가고, 목은 말라비틀어질 정도였다. 그런데도 날씨는 우리 몸속에 조금 남아있는 수분까지 깡그리 빼앗아갈 기세로 열로 쬐어내는데 기승을 부린다.

나는 이날 난생 처음 목이 말라 비틀어져 숨이 막혀 죽을 뻔한 경험을 하게 되었다. 목이 너무 말라 소리내기조차 힘들어 혀 바닥을 비벼대며 겨우 약간의 거품 같은 것을 만들어 넘겼는데, 그만 목구멍이 열리다 말면서 헛기침으로 숨과 소리는 안 올라오고 얼굴을 빨개지면서 이대로 죽는구나 싶어 속으로 "주님 살려주세요." 하고 외쳤다. 순간 숨이 터져 나왔다. 그 이후로 숨만 간신히 쉬게 되었다. 문제는 나만이 아니었다. 시간이 흐르면서 일행을 점점 하나 둘씩 쓰러지기 시작했다. 나를 고생시키지 않으려고 안간힘을 쓰던 B

양과 동생마저 쓰러지자 나는 하늘을 우러러 바라보며 살려달라고 울부짖기 시작했다. 팔은 안으로 굽는다고 했던가요. 그 말의 의미를 진정으로 느끼게 된 계기가 되었다. 언니 고생할까 바싹 따라주던 동생이 쓰러지니 마음이 더 다급해 졌다.

사실 A양 같은 경우는 여전히 자기 힘을 믿고 복음을 받아들이지 않고, 혼자 말없이 떨어져 따라오고 쉬어도 혼자 앉아 쉬곤 했으나, 그래도 B양과 동생은 기도를 시키면 함께 기도하고, 복음을 전하면 귀담아 듣기도 하고, 찬송책을 펼쳐 찬송을 부르면 잘 몰라도 따라하면서 언제나 힘이 되어 주었다. 그런데 이들까지 쓰러져 더 이상은 움직일 수가 없고 앞이 안보이니, 여기서 헤어지자는 의견들을 다시 거론하였다. 정말 인생을 다 포기하기 직전까지 이르렀다. 일행은 그늘 한 점 없는 모래위에 그대로 힘없이 늘어지고 말았다. 나는 성령 하나님의 강권적인 인도하심에 이끌려 일행을 힘내라고 격려하고 나서, 함께 생명수를 주실 하나님께 기도하자고 기도제목을 나누고, 나도 지친 몸을 이끌고 처음주신 시편 91편 15절 말씀을 의지하여 힘을 다해 간절히 부르짖기 시작했다. 모두 울음을 터트리며 부르짖었다.

"하나님, 나의 기도를 들어주시고, 이 환난에서 건져주신다고 약속해 주셨잖아요. 그 약속의 말씀을 내가 믿습니다. 이곳에서 우리를 살려주세요. 하나님은 이스라엘 백성들에게 물 없는 광야에서 생수(물)를 주셨던 분이십니다. 우리에게도 그 생명수를 허락해 주셔서 마시고 힘을 얻게 해 주세요. 주님만이 주실 수 있는 분이십니다." 그 때 갑자기 하나님께서 "너희를 위해 앞에 생수를 예비해 놓았으니 너는 조금만 더 힘을 내어 일행을 이끌고 앞으로 나아가라"고 말씀해 주셨다. 나는 너무 기뻐 "하나님 감사합니다. 감사합니다." 고백하며 감사의 눈물을 흘렸다. 사실 이 글을 쓰면서도 얼마나 울고 우는지 모른다.

그렇게 기도를 마치고 눈을 뜨니 여느 때처럼 동생과 B양이 나를 향해 간절한 눈빛으로 바라보고 있었다. 언제나 그랬듯이 나는 기도 가운데 감동으로 이끄시는 주님의 인도하심을 들려주곤 했다. 그 순간도 여지없이 하나님께서는 나와 함께 생수를 바라며, 기도한 그들에게 응답하셔서, 생수가 있는 곳을 알려 주셨다. 그렇게 그들도 하나님께서 언제나 함께하심을 일일이 깨닫고 느끼면서, 서로 힘을 모았던 것이다.

(4) 생수를 내주신 하나님

나는 일행에게 용기를 주고 나를 따라 올 것을 권하고 앞서 걷기 시작했다. 그런데 놀라운 사실은 지금까지 걸어왔던 발걸음과 달리 마치 내 발에 날개 달린 듯 걸음이 가볍고 마치 공중을 날아가는 것 같은 느낌을 받았다. 금세 나는 두 번째 봉우리에 올라서면서 뒤를 돌아보니, 그때서야 한 아이가 올라오는 모습이 보였다. 나는 속으로 따라 오고 있구나 생각하고 물을 향해 발걸음을 재촉했다.

한 20리(훈련할 때 늘 40리를 달렸기 때문에 짐작으로 알 수 있다.)쯤 왔을 때, 눈앞에 파도가 넘실거리는 큰 강이 보였다. 나는 너무 기뻐 "강이다."라고 외치며 달려갔다. 그런데 이게 웬 일입니까? 방금 보이던 강이 온데간데없고, 지역이 낮아 우기 때에 물 수량이 높아 강처럼 물이 흐르던 자리로, 바싹 마른 딱딱한 풀 못만 있었다 (풀뿌리가 억세게 내려 사람이 밟아도 무너지지 않는 풀 더미).

나는 그곳에 분명이 주님께서 예비하신 물이 있음을 알고 여기저기 살펴보았다.
정말 얼마 살피지 않아 모래위에 자갈이 깔려있는 곳에 둘레가 50㎝, 물 높이가 한 5㎝정도의 작은 물이 있었다. 나는 샘물인지 아닌지를 확인하기 위해 물을 중심으로 좌편과 우편을 둘려 보았으나 물이 흐르는 흔적이 없었다. 이곳이 샘물의 근원지라면 분명히 낮은 쪽으로 흐르는 흔적이 있어야 하는데 없었다. 그렇다면 '고인 물'인데, 이 뜨거운 열기에 물이 고여 있을 수가 없다. 나는 더 이상 생각하지 않고 무릎을 꿇고 물을 마시기로 했다. 왜냐면 오줌이라도 마실 판인데 샘물, 고인 물 따질 여유가 없었다.

뻣뻣해진 무릎관절을 꺾고 끓어 엎드려 물을 마시는 순간 나는 깜짝 놀랐다. 그 물은 바로 하나님께서 우리의 기도를 들으시고 응답해 주신 바로 그 생수의 샘물인 것이다. 물을 자세히 쳐다보니 물 밑바닥에서 모래를 살살 헤치며, 물이 솟아나는 것이 보였다. 바로 샘물 근원지다. 물은 정신이 번쩍 들 정도로 차고 이가 시렸다. 저는 그 자리에서 또 다시 주님께 감사의 눈물을 흘렸다. 얼른 물을 마셔 목을 축인 후, 나는 병에 물을 담으려고 했으나 워낙에 5cm정도의 높이 밖에 안 되는 낮은 웅덩이라 1ℓ 사이다병에 물을 담을 수가 없어 병뚜껑으로 일일이 퍼 담아야 했다. 그렇게 병 하나에 물을 채워가지고 오고 있는 아이들을 향해 마중 나아갔다. 처음 B양이 나타났다. 그 아이에게 물을 건네주어 마시게 하고 "앞으로 조금만 더 가면 주님께서 주신 생수가 있으니 감사기도 하고 마셔라."고 권유하고 나는 계속해서 오는 아이들을 향해 나갔다.

조금 더 나아가자 동생이 나타났다. 나는 너무 반가워 동생을 향해 소리쳤다. "○○야 여기 물 있다. 조금만 힘내라." 그러자 동생이 "언니야, 물!"하면서 다가 왔다. 그렇게 동생에게 감사기도와 함께 물을 마시게 하고, 남은 A양이 어디 있는지 물었다. 그러자 동생이 "내가 떠날 때까지 일어나지 않고, 우리들끼리 가라고 했다."면서 그 아이는 내버려 두라고 말했다. 나는 동생을 데리고 물가로 갔다. 그렇게 일행 중 A양만 빼고 다 만나 물 옆에서 A양이 오기까지

쉬면서 기다리기로 했다. 우리는 그 곳에서 언제 또 물을 만날지 모르는 상황을 대비하여 병이 되는 대로 물을 담았다. 심지어 깡통에도 물을 담고 쉬기로 했다.

(5) 한 영혼을 사랑하시는 주님

한참을 앉아 A양을 기다리는 데 성령님께서 내 양심을 울리며 귀에 대고 말씀하시는 듯, "내가 너를 사랑한 것 같이 너도 그 영혼을 네 몸과 같이 아끼고 사랑해라"하셨다. 처음에는 모른 척 했다. 그러나 점점 주님의 음성은 더욱 크게 마음을 울렸다. 그래도 너무 힘들어 못 들은 척하려고 머리를 좌우로 흔들며 계속해서 성령님의 강한 요구를 거부했다. 그러자 나의 심령을 울리는 주님의 음성은 더 커져만 갔고, 마치 고막이 터질 것 같은 감동을 주셨다.

사실 당시 나는 성경말씀을 잘 몰랐다. 나중에 한국에 와서 신학하면서 말씀을 많이 읽다보니, 이 말씀들을 성경에서 처음 접했을 때 놀라지 않을 수가 없었다. 왜냐하면 광야에서 내게 요구하셨던 주님의 말씀과 똑 같았기 때문이다. 정말로 놀라우신 하나님이시다. 언제나 항상 삶속에서 먼저 가르치시고, 나중에 말씀으로 재차 확인시켜주신 것이 주님께서 나를 가르쳐 오신 방법이다.

"예수께서 이르시되 네 마음을 다하고 목숨을 다하고 뜻을 다하여 주 너의 하나님을 사랑하라. 이것이 크고 첫째 되는 계명이요. 둘째도 그와 같으니 네 이웃을 네 자신같이 사랑하라 하셨으니" (마태복음 22:37-39).

"새 계명을 너희에게 주노니 서로 사랑하라 내가 너희를 사랑한 것같 이 너희도 서로 사랑하라. 너희가 서로 사랑하면 이로써 모든 사람이 너희가 내 제자인줄 알리라" (요한복음 13:34-35)

"...네 이웃 사랑하기를 네 자신과 같이 사랑하라..." (레위기19:18)

　주님의 이 말씀의 요구 앞에, 나를 사랑하셔서 그 품에 안아주신 그 사랑으로 다른 영혼을 사랑하라는 요구를 거절할 수가 없어 아이들에게 솔직히 말했다. "주님께서 나더러 A양을 향해 물을 가지고 가라고 하니 내가 가야 한다. 나는 주님의 말씀에 순종할 권리밖에는 없다."고 말하자 B양과 동생이 난리였다. "왜 니가 걔를 책임져야 하느냐."고 하면서 만류했다. 거기에는 서로 헤어지면 다시 만나지 못한다는 두려움이 있었다. 지금까지 주님의 손에 이끌려 있는, 믿음의 나를 많이 의지했는데, 만일 나마저도 돌아오지 못하면 꼼짝없이 일행은 다 죽는다는 생각에 사로 잡혀 있었던 것이다. 나 역시도 죽을지 모르는 모험 같은 길을 가야 했다. 주님을 신뢰하면서도 한편으로 그 아이를 향해 다시 온 길을 되돌아가야 한다는 것이 쉬운 일만은 아니었다. 주를 위해 죽고자 하면 산다고 했던가? 오직 주님께 모든 것을 '올인'(all in)해야만 했다.

"누구든지 자기 목숨을 구원하고자 하면 잃을 것이요 누구든지 나와 복음을 위하여 자기 목숨을 잃으면 구원하리라" (막8:35)

반드시 하나님께서 A양을 데리고 무사히 너희들 있는 곳으로 돌아오게 하실 터이니, 너희는 이곳에서 내가 무사히 돌아오도록 주님께 도와달라고 기도하라고 안심시키고 물병 2개를 가지고 떠나려고 했다. 그때 주님께서 나에게 물 3병을 가지고 가라는 감동을 주셨다.

나는 "주님 물병 세 개를 가지고 가면 또 배낭을 메야 하는데 어깨가 너무 아프니 그냥 2병만 가지고 가겠습니다." 하고 말씀드렸다. 사실 나는 다른 아이들과 달리 배낭에 옷이 아닌 책만 가득 가지고 왔기 때문에, 책의 무게로 어깨가 너무 아픈 것이 사실이었다. 그래서 나는 어깨도 쉴 겸, 한손에 한 병씩만 들고 가려고 했던 것이다. 그러나 주님의 요구는 세 병이었지만, 나는 끝내 고집대로 말씀을 거역하고 두 병을 가지고 떠났다.

출발하면서 A양을 찾아 목적지까지 가는 내내 나는 기도했다. "하나님 이 딸의 발걸음을 인도해 주셔서 그 아이가 있는 곳을 더 가서 헤매지도, 덜 가서 헤매는 일이 없도록 정확하게 그 아이가 있는 곳으로 발걸음을 인도해 주시옵소서. 예수님의 이름으로 기도드립니다. 아멘." 동일한 기도를 반복하며 걸었다. 그렇게 나의 기도에 응답하신 주님은 정확하게 그 아이가 있는 곳으로 가도록 성령님의 인도를 받게 해 주셨다. 가던 중 무심코 바닥을 내려 보다가 꼬챙이 같이 말라버린 작은 풀 사이에 한 뼘도 안 되는 A양의 가방 바퀴자국이 찍혀있었다. 나는 더 이상 움직이지 않고 그 주변을 두루 살펴보았다.

그러나 아이는 보이지 않았다. 나는 또다시 기도했다. "주님 분명히 그 아이 가방자국인데 사람은 보이지 않습니다. 만날 수 있게 해주세요." 라고 기도했다. 기도드리고 난 후 나는 다시 주변을 자세히 살펴보았다. 여전히 보이지 않았다. 그때 내가 서있는 곳보다 높은 우측에 있는 봉우리로 올라가 보고 싶은 마음의 충동이 일었다. 모래 봉우리라 오르기 쉽지 않았지만 나는 그 봉우리를 오르기 시작했다. 마침내 봉우리에서 또다시 펼쳐진 반대쪽을 살펴보았다. 여전히 보이지 않아 다시 내려오려고 고개를 돌리려는 순간 180도 각을 스치는 눈언저리에서 무언가 빨간 것이 지났다. 나는 다시 고개를 돌려 정면을 주시해 보았다. 너무 멀지 않은 나지막한 곳에 A양

의 가방 손잡이가 보였다. 나는 너무 기뻐 "주님, 저기 있어요." 소리
치고 그 아이를 향해 갔다.

그 앞에 다가선 나는 깜짝 놀랐다. 대자로 누운 그 아이의 얼굴에
바늘로 찌른 듯이 피 방울이 솟아 있고 아이는 숨이 멎은 것처럼 척
늘어져있었다. 나는 얼른 그 아이의 이름을 반복해 불렀다. 무반응
이었다. 마지막 한 번 더 불러도 반응이 없으면 정신을 차리도록 손
에 든 물을 그 아이의 얼굴에 부을 생각이었다. 마지막 힘껏 부르자
그 아이는 겨우 개미 같은 소리로 겨우 들릴둥말둥한 소리를 냈다.
나는 살아있음을 확인하고 얼른 말을 건넸다. "일어나 가자. 조금만
힘내라." 고 하자, 그 아이는 이제 자신의 인생을 포기 한 듯, 자기를
그 곳에 두고 너희들끼리 가라는 것이었다. 나는 더 이상 지체하지
않고 "여기 물이 있다."고 외쳤다. 그러자 그 아이가 순간 눈을 떴다.
나는 얼른 그 아이의 머리 쪽에 앉아 머리를 받쳐 내 무릎에 놓고 또
다시 두 어깨를 들어, 내가 그 아이 쪽으로 다가가 앉아 내 가슴으로
기대며 앉혔다. 그리고 물 한 병을 건넸다. 물 한 병을 단숨에 마시
는 그 아이를 신기하게 바라보고 있을 때, 눈 깜박할 사이에 내 손에
있는 다른 물병을 가져다가 벌컥벌컥 반병을 훌쩍 마셔버렸다. 나
는 얼른 마시고 있는 물병을 그의 손에서 빼앗았다.

그리고 그때서야 주님께서 왜 세 병을 요구하셨는지를 알게 되었

다. 주님의 말씀대로 순종했더라면 두 병을 가지고 충분히 수분 보충시키고 남은 한 병은 가면서 마시면서 가면되는데, 아직 20리나 가야 하는데 물이 모자랐다. 나는 그때 처음으로 회개 기도를 했다. 회개란 주님의 말씀을 거역한 것이 죄요, 이 죄에 대해 용서구하는 것이 회개이다. 나는 누구보다 죄송한 마음으로 주님께 "주님 말씀대로 3병을 가지고 왔으면, 이 아이에게 충분히 두 병을 마시게 하고, 남은 한 병으로 갈 수 있을 것인데, 저의 불순종으로 이 아이에게 물조차 제대로 먹일 수 없습니다. 나의 잘못이오니 용서해 주세요. 이 후 다시는 주님의 말씀을 거역하지 않겠습니다. 용서하시고 도와주세요. 예수님의 이름으로 기도드립니다. 아멘."

   속으로 기도를 마치고 나는 아이를 부축해 일으켜 세웠다. 아이들이 있는 곳으로 다시 20리길을 가야 하니 서둘러야만 했다.

(6) 첫 기도요청과 믿음의 고백

나는 그의 가방을 끌고 그 아이와 발걸음을 두어 발작 내디뎠다. 그런데 그만 그 아이가 사시나무 떨 듯이 떨면서 더 이상은 걸을 수 없다는 것이었다. 순간 성령님께서 강력하게 나에게 기도를 요구하셨다. 나는 얼른 "우리 하나님께 기도드릴 테니 받을 거냐?"고 물었고, 그렇게 복음을 완강하게 거부하던 A양 그 아이가 고개를 끄덕이면서 "네가 믿는 하나님께 나를 위해 기도해 달라."고 하였다.

　순간 나는 속으로 "성령님, 이 아이에게 살아계신 하나님의 영광을 나타내 주세요." 하고는 그 아이의 머리에 두 손을 얹어 기도하기 시작했다. "살아계신 하나님 아버지, 이 아이에게 하나님의 살아계심을 나타내 주소서. 이 아이의 몸속에 흐르는 나약한 힘을 머리끝부터 발끝까지 다 제거해 주시고, 하나님께로부터 공급되는 전율의 새 힘을 머리끝부터 발끝까지 공급하여 주셔서, 이제부터 씩씩하게 걷게 해 주세요." 라고 기도하는데, 내 손이 그 아이의 머리위에 떡하니 붙어 떨어지지 않자 나는 똑 같은 기도를 반복했다.

　기도하는 나의기도 소리도 위엄 있고, 힘 있는 소리였다. 힘없고 연약한 육신의 소리가 아니었다. 그렇게 한참을 지나 손이 그 아이의 머리에서 떨어지면서, 나는 기도를 마쳤다. 그리고 그 아이를 다시 잡아 일으키고 걸음을 재촉했다. 또 다시 두어 발자국을 뗀 그 아이가 "으, 뜨거워라!"하면서 두어 발자국을 물러났다. 나는 얼른 "왜 그래?"하면서 물었다.

　그 아이가 "방금 뜨거운 것이 발바닥에서 펑하고 빠져 나가는 것을 느꼈다."고 했다. 순간 나는 손뼉을 치면서 "됐다. 이 제 네 속에 있는 나약한 힘은 하나님께서 다 빼 버리시고 새 힘을 공급해 주셨으니 씩씩하게 걸어라."고 했다. 주님은 나의 기도를 들으시고 그대로 응답해 주셔서 그 순간부터 마지막 날 몽골군에 잡히던 순간까지 그 아이가 제일 앞장서 걸었다.

사실 주님의 종(목사) 외에는 안수기도를 할 수 없다는 것을 나는 몰랐다. 당시 목사가 없는 중국에서 예수님을 영접했고, 처음 주님을 영접하여 얼마 후 한국에서 들어오신 목사님을 통해 머리에 안수기도를 받은 나는 기도는 다 그렇게 하는 것인 줄로만 알았다. 나중에 한국에 와서 신학을 하면서 목사님 외에는 안수기도가 허락되지 않음을 알게 되었다. 아무튼 주님은 급한 상황가운데서 준비된 당신의 자녀를 통해 일하신다는 사실이다.

그렇게 그 아이와 함께 남은 반병의 물로 힘을 내 두 명의 아이들이 기다리는 생수 터를 향해 걸었다. 마침내 성령님의 인도하심으로 무사히 그 아이들이 있는 곳에 도착했다. 도착한 나는 우리의 기도를 들으시고 주님께서 우리에게 주신 생명수임을 확인시키고 감사기도와 함께 물을 마실 것을 권유했다. 그때 처음으로 A양 그 아이가 "영실아, 네가 믿는 하나님은 살아 계신 하나님이시다."고 믿음의 고백을 하면서, 소리 내어 울면서 "감사합니다." 라고 기도하고 물을 마셨다.

드디어 그 아이가 복음을 받아들이고, 살아계신 하나님을 향해 마음의 고백을 드리는 모습에 내 영혼은 너무 기뻤다. 주님은 언제나 우리 믿음을 요구하시기 전에 주실 복을 예비해 놓으신다. 고난의 뒤편에서 받는 복은 말로 다 표현할 수 없는 기쁨과 행복이 있다는 것을 깨달았다.

무사히 다시 만난 우리 모두는 기뻤고 서로 안도의 숨을 내 쉬었다. 내가 A양을 데리려 갔다 오는 사이에, 두 아이들이 중국에서 떠나 올 때 길 양식으로 작은 깡통의 미숫가루를 준비해 왔는데, 거의 다 먹고 통 바닥에 조금 남아 있던 것을 가지고 마른 풀로 물을 끓여 죽을 써 놓았다. 우리가 나타나자 그 아이들은 자기네는 조금씩 마셨다고 하면서 내 몫으로 남긴 것이니 어서 마시라고 했다.

나는 오랜 시간 출혈로 지친 A양에게 건네주어 먹게 했다. 자기 힘만 믿고, 먹을 것이 있으면 혼자서만 먹고 하던 그 아이가 죽음의 문턱까지 갔다 오면서, 자존심을 다 버린 채 비위를 무릅 쓰고, 그 미숫가루 죽을 얼른 받아 단숨에 마셔버렸다. 그 아이의 이러한 모습에 화가 난 두 아이가 그때서야 자신들도 한 모금 못 마시고 수고하는 나를 위해 만들어 놓은 것이라고 이야기 하면서, 그런 그 귀한 것을 미운 A양을 준다고 한 소리 했다.

그 아이들의 심정이 이해가 된다. 그리고 너무 고마웠다. 위기에서 자신을 챙겨도 모자랄 판에 서로를 위해 아끼고 생각하는 모습이 너무 아름다웠다. 이러한 모습이 우리 주님께서 우리에게 요구하시는 사랑의 모습이지 않겠는가? 사실 때로는 하나님께서 우리 믿음의 자녀들을 향해 믿음의 행함을 달아 보신다.

구약의 아브라함도 모리아 산에서 독자 이삭을 번제물로 드리라는, 아들의 생명이 달려 있는 믿음의 요구를 받았을 때, 그는 지체 없이 순종함으로 믿음의 조상이 되는 복과 함께 모든 것을 준비하신 하나님의 권능의 손길을 체험했고, 신약에서는 믿음의 사도 베드로, 바울 역시 복음을 위해 죽음을 각오하고 나아갈 때, 하나님의 보호하심과 권능으로 함께 하심을 나타내 주셨다.

나 또한 사막의 한 복판에서 홀로 헤매고 있을 그 영혼의 생사가 걸린 믿음의 요구에 오직 살리시는 주님만 바라고 의지하며 나아갔을 때, 하나님은 인도해 주셨고 당신의 위대하신 구원을 나를 통해 모두가 바라게 해주셨던 것이다. 우리는 언제나 하나님께서 믿음을 요구하실 때, 순종함으로써 주시는 복을 누려야 한다. 허나 연약한 인간은 많은 생각으로 주님의 요구 앞에 불순종함으로 복을 놓칠 때가 있다. 주님은 언제나 우리 믿음을 요구하시기 전에 주실 복을 예비해 놓으신다. 고난의 뒤편에서 받는 복은 말로 다 표현할 수 없는 기쁨과 행복이 있다.

(7) 광야의 마지막 밤

아직 밝은 한 낮 이지만 나는 일행들에게 모처럼 오늘은 물 옆에서 충분한 휴식을 취하고, 다음날 힘을 내 걷자고 권유했다. 마침 멀지 않은 앞에 작은 소나무 대 여섯 그루가 있었다. 우리가 쉬려는 곳에 이렇게 소나무가 있는 것은, 우기에 많은 비로 강을 이루며 물이 내려가는 낮은 지형이어서 그런 것 같았다. 다른데서 찾아보기 힘든 풀과 나무들이었다. 그런데 이나마도 가뭄에 나무가 1m 이상이 다 딱딱하게 말라 있었다. 덕분에 우리는 그러한 마른 나뭇가지들을 꺾어 모아가지고, 밤에 따뜻하게 불 피울 만단(萬端)의 준비를 다했다. 그렇게 우리는 나뭇가지와 꼬챙이처럼 마른풀들을 닥치는 대로 될수록 많이 모았다.

밤이 깊어 기온이 떨어져 점점 추워지자 나는 모닥불을 피워 잠자는 아이들이 조금이나마 온기를 느끼게 해 주느라고, 거의 눈을 붙일 새가 없었다. 그렇게 홀로 아이들을 돌보다가 하늘을 우러러 주님과 대화하기도 했다. "주님 이 딸보고 계시죠. 너무 힘들어요. 속히 이곳에서 건져주세요. 살리실 분은 주님밖에 없습니다." 나에겐 의지하고 바라고 찾을 분은 주님밖에 없었다. 그렇게 주님을 의지하며 일행을 돌보며 밤을 보내고, 희미하게 밝아오는 아침을 맞을 준비를 하면서, 새벽 기도를 주님께 드리기 시작했다. 기도를 시작한지 얼마 안 되어 주님은 나에게 무장군인들이 가득한 트럭을 환상으로 보여주시면서, 오늘 너희를 위해 보내는 군인 차라고 감동을 주셨다. 조금만 더 힘내라고 새 힘을 주셨다.

나는 너무 기뻐 아직 날이 완전 밝아오지도 않았는데, 잠자는 일행들을 향해 "일어나라, 가자 오늘은 하나님께서 우리를 위해 군인들을 보내주신다. 조금만 더 힘내 가자. 오늘은 인간을 만난다."고 외쳤다. 갑작스럽게 잠을 깬 아이들이 군인들이 온다는 말에 정신을 차리고 되물었다. 그런 그들에게 기도 가운데 함께하신 하나님의 인도하심을 자세히 전달했다. 아이들은 하나같이 기뻐하며 어서 출발 하자고 했다. 그렇게 우리는 광야에서의 마지막 밤을 보내고, 드디어 광야 5일(19일)째 되는 날 새벽과 함께 주님의 인도하심에 이끌리어, 또 힘차게 하루의 첫 발을 내 딛기 시작했다.

일행 모두가 군인을 만날 기쁨에 부풀어 걷기 시작한지 얼마 안 되어 지금까지 가장 많이 힘이 되어주었고, 나에게 짐이 안 되려고 애쓰며 마음을 함께 해 주었던 B양이 그만 힘을 놓고 주저앉고 말았다. 이미 아이들은 뜨거운 모래바닥으로 인해 발바닥에 물집이 잡혀 있던 상태였지만, 주저앉은 그 아이의 발바닥을 보니 발바닥이 성한 데가 없었다. 그런 발로 아프다는 내색 한번 내지 않고 따라주었던 그 아이의 마음을 생각하니, 내 마음이 더 아팠다. 나는 A양과 동생을 앞에서 계속 걸어가게 하고, B양을 업고 걸으려고 했지만 강하게 거절하여 업지 못하고, 걸음을 맞추어 천천히 부축이면서 걸어 나갔다. 그런 나를 보면서 B양이 말했다. "나 만큼은 너에게 짐이 되고 싶지 않았는데, 널 고생시키지 않으려고 그렇게 애 썼는데 미안하다."고 말했다. 그런 그 아이에게 나도 마음의 고마움을 표현했다. 그렇게 힘을 모아 조금씩, 조금씩 걸어 나아갔다.

그렇게 반나절을 걸었는데 군인은 나타나지 않았다. 정오를 계기로 일행은 잠시 쉬기로 했다. 여느 날과 똑같이 기도를 통해 하나님으로부터 공급되는 새 힘을 얻고 일행은 다시 걷기 시작했다. 그렇게 또 다시 몇 시간이 흘렀을 무렵, 우리가 지나온 뒤편에서 뽀얀 먼지를 날리며, 무엇인가 우리를 향해 빠른 속도로 다가 오고 있었다. 나는 드디어 하나님께서 보내주신 몽골 군인들이 탄 차가 다가오고 있다고 생각했다. 그러나 나의 생각을 먼지와 함께 날려 보내기라도 할 듯이, 기대와 반대로 뽀얀 먼지의 정체가 가까이 다가왔는데, 그것은 다름 아닌 야생 줄 말 무리였고, 무섭게 달려 우리 옆으로 바람같이 지나갔다.

나는 지친 마음으로 실망하듯이 맥을 놓으려고 할 때, 얼른 언제나 약속을 신실하게 지키시는 하나님께 마음속으로 기도하기 시작했다. "주님 군인 차인 줄 알았는데 아니네요. 하지만 다음에는 필경 주님께서 보내주실 군인차가 우리를 향해 다가 올 것을 믿습니다. 언제나 주님만을 바라보도록 나의 마음을 지켜주세요. 예수님의 이름으로 기도드립니다. 아멘."

그렇게 믿음이 흔들리지 아니하도록 기도로 더 주님을 붙들고 의지했다. 실망과 의심은 곧 주님을 신뢰하지 못하도록, 믿음을 무너뜨리는 마귀의 전략이기 때문이다. 우리는 또다시 힘을 내 걷기 시작 했고 시간이 흘렀다.

(8) 군인들을 보내신 하나님

또 얼마나 많이 걸었을까? 이번에는 저 멀리 앞쪽에서 뿌얀 먼지를 날리며 우리를 향해 무엇인가 달려오고 있었다. 그런데 별 기대 없이 주시하고 바라보는 우리에게 가까이 다가오는 실체가 환상에서 보여 주셨던 바로 그 군인 트럭이었다.

그렇게 우리를 향해 가까워 오는 군 트럭을 향해 일행은 한자리에서 의아해하면서도 놀랍고 반가운 마음으로 바라보고 있었다. 바로 그 군 트럭은 우리 곁에 바짝 다가와 서며, 동시에 트럭 안에 앉아있던 군인들이 차에서 내리면서 총을 우리를 향해 들이 대면서 몽골 말로 뭐라고 말했다. 가만히 눈치를 살피던 내가 일행을 향하여 모두 손을 들고 앉으라고 말하고 나서, 내가 먼저 손을 머리위로 올리면서 앉았다.

그때서야 군인들이 진정하고, 차 조수석에 앉아 있던 여자 지휘관(군관)이 내렸다. 그 여자 군관 역시 몽골 말로 뭐라고 말했는데, 우리가 알아듣지 못하자 영어로 다시 우리를 향해 말했다. 그때 우리 일행 중에 영어를 알아듣는 아이가 두 명이 있었다. 내 동생을 빼고 A양이었다. A양이 우리더러 차에 올라타라고 했다고 통역해 주었다.

나는 얼른 일행과 함께 트럭 뒤쪽으로 올라 타 가운데에 앉았다. 그렇게 군인들까지 트럭에 타고, 양쪽에 총을 들고 질서 있게 앉자, 차는 어디론가 달리기 시작했다. 얼마나 달렸을까? 사실 몽골군인 차는 모래사막을 달리도록 만들었기 때문에 일반 차와 달리 모래위에서 포장길을 달리듯이 빠르게 잘 달렸다. 아스팔트 도로를 달리는 일반 차 같았으면, 모래에 바퀴가 빠져 달리지 못했을 것이다.

그렇게 시간을 넘겨 한참을 달려 사막의 한 복판에 있는 군인 초소에 도착했다. 초소에 도착한 우리는 소지하고 있는 개인 가방을 다 몰수당하고 한 방에 들어섰는데, 그 방은 지휘관 사무실로 긴 책상과 한 벽면을 거의 다 채운 지도가 인상 깊었다. 잠시 후 지휘관으로 보이는 남자가 부하 군인과 함께 들어오더니 우리를 지도 앞에 세웠다. 그리고 우리가 걸어온 경로를 짚으라고 했다. 함께 들어온

부하 군인은 월남파병 때, 한국군인과 함께 생활한 적이 있어 한국 말을 아주 조금은 할 줄 아는 군인이었다. 통역원이 없는 상태라 급한 대로, 서로 겨우 눈치를 섞어 가면서 알아들을 정도로 의사소통이 가능했다.

나는 얼른 지도에 가까이 다가가 중국 닭 모양의 지도와 연결된 부분에서 닭목 부분으로 넘어왔다고 손가락으로 짚었다. 그러자 그 군인이 우리가 걸어온 경로를
가리켜 주었는데 거의 일직선으로 우리가 걸어 왔음을 가리켜 주었다. 다시 한 번 놀라지 않을 수 없었다. 왜냐면 하나님께서 우리의 발걸음과 길을 인도하지 않으셨다면 불가능한 일이기 때문이다. 제자리에서 헤맬 수밖에 없는 환경에서 그렇게 곧바로 걸어 올 수 있다는 것 자체가 기적이기 때문이다. 우리가 4박 5일 동안에 걸은 양은 지도 속에서도 적지 않은 구간이었다.

지휘관이 보고를 듣고 믿기지 않는 눈빛으로 머리를 갸우뚱거리며, 영어를 알아듣는 동생과 A양을 데리고 차를 타고 갔고, B양과 나는 다른 방으로 옮겨 쉬도록 했다. 시간의 흐름 속에 함께 나간 두 아이의 행방을 모르니, 내속은 타들어가고 마음은 초조해만 갔다. 나는 도저히 견딜 수가 없어 기도하기 시작했다. "주님 두 아이를 어디로 데리고 갔는지 행방을 알 수가 없습니다. 동생과 헤어지

지 않도록 무사히 돌아오게 해 주세요. 그리고 이곳에서의 모든 과정도 지켜주세요. 예수님의 이름으로 기도드립니다. 아멘."

기도를 마치고 얼마 안 있어 한 군인이 들어왔다. 그런데 그가 자기도 예수님을 믿는 성도라고 손 발짓해가며, 우리가 예수님을 믿는 것을 알고 들어와 반가움을 표하였다. 그런 그에게 나도 반가움과 동시에 두 명의 행방을 손짓하면서 물었다. "우리 일행이 4명인데 2명이 나가서 아직도 돌아오지 않았다."고 물었다. 그러자 그가 손짓으로 돌아 올 것이니 안심하고 그 자리에 있으라고 알려주고는 돌아갔다. 그로부터 또 다시 시간이 흘렀다. 그렇게 초조함의 기다림 끝에 두 아이가 돌아왔다. 들어서자마자 어디 다녀왔냐고 묻자, 오늘 우리가 걸어온 로(노)정(路程)을 확인 하려고 차로 다녀오는 길이라고 했다.

잠시 후 우리 일행은 다시 사무실로 불려갔다. 가서 보니 우리 짐 가방들이 다 열려 있었고, 책상위에 중국에서 출발할 때 가지고 떠난 휴대폰과 단도(작은 칼)가 놓여있었다. 군관(상관)이 우리에게 말했다. 통역원의 말에 의하면 "너희는 고도로 훈련된 요직원이다. 바른대로 말해라. 너희가 하루 걸은 량(양)도 일반 사람이 도저히 걸을 수 없는 거리며, 또한 너희 몸에 지닌 휴대전화와 칼, 이러한 물건들이 다 증거다."라고 했다.

그러자 내가 대답했다. "휴대전화는 우리가 중국에서 사용하던 것인데, 국경을 넘는 순간부터 사용이 불가능했고, 칼은 위험으로부터 우리를 보호하기 위해 구매하여 준비한 것이다. 우리는 북한에서 한국으로 가기위해 이 길을 이용한 것뿐이다." 통역원이 상관에게 통역했다. 그러자 또 다시 상관의 말을 통역원이 통역했다. "이곳에 북한 대사관이 있으니 너희를 그 곳에 넘겨주겠다."는 것이다. 나는 너무나 다급하여 "북한 대사관에 우리를 넘기면 우리는 다 죽는다."고 하면서, 손으로 목을 자르는 흉내를 내면서 통사정을 했다. 일행 모두도 사정했다.

그러나 그는 더 이상은 말하지 않고 우리를 먼저 쉬던 방으로 보냈다. 나는 또다시 일행 모두에게 함께 기도할 것을 요청했다. 그리고 간절한 마음으로 주님께 기도하기 시작했다. "주님 군인은 만났는데 여기에 북한 대사관이 있다고 합니다. 그곳에 우리를 넘기겠다고 하니 어떡하면 좋습니까? 그곳으로 후송되면 우리 모두는 다 죽습니다. 주님만이 우리의 구원자이시오니, 상관들의 마음을 움직여 주셔서 우리를 한국으로 갈수 있도록 도와주세요. 예수님 이름으로 기도합니다. 아멘." 기도만이 영적, 육적 승리이다. 지금에 와서야 말이 쉽지 당시 급박한 상황에 놓여 있을 때 눌린 심정은 이루 말할 수가 없다.

기도와 함께 주님은 불안한 마음을 진정시켜주시고 평안함을 얻게 해 주셨다. 잠시 후 통역원이 우리에게 들어왔다. 그는 웃으면서 자기도 예수님을 믿고, 또 월남에 파병 받았을 때, 한국 군인들과 함께 지낸 적이 있어서 한국 사람들을 너무 좋아한다고 하면서, 그때 한국말을 조금 배운 것을 잊지 않고 있어, 한국말을 알아들을 수 있는 것이라고 했다. 그러면서 북한 사람은 태어나 처음 만나 보며, 자신뿐 아니라 부대 전체가 처음이니 상의하느라 시간이 좀 걸린다고 안심하라고 하고는 돌아갔다. 저녁이 되어 음식이 양고기 죽으로 나왔는데 누린내가 심하게 나서 먹을 수가 없었다. 하지만 5일 만에 먹어보는 음식인지라 비위를 무릅쓰고 몇 숟가락을 먹었다. 그렇게 그 밤을 보냈다.

(9) 울란바토르로 보내심

광야 5일째인 2004년 6월19일 몽골 순찰군에 붙잡혀, 다음날인 20일부터 우리는 한사람씩 불려나가 조사를 받았다. 한 사람씩 차례로 광야에서 살아남게 된 동기를 말할 때마다, 그들의 입에서 영실이가 믿는 하나님(예수님)이 우리를 그곳에서 인도해 주셔서 살았다고 고백했다. 그들의 말을 최종 변론하듯 마지막으로 내가 불려가 증언했다. 상관은 나에게 이렇게 말했다. "당신들이 들어온 그 구간은 지역상 너무 가물고 워낙에 물이 없어 어떠한 생명이 들어가도 살아남기가 힘든 구간이다. 그 지역에는 사람도 살지 않기 때문에 우리들의 순찰 밖이라고 했다.

당신들이 우리를 만난 그 구간부터가 순찰 구간이다. 그래서 당신들이 우리를 만난 것이다. 그런데 당신들은 마치 그 구간을 알고 있는 것처럼, 헤매지도 않고 곧장 직진해왔다. 고도로 훈련된 사람이 아니면, 그 뜨거운 날씨에 그 많은 구간을 걸어올 수 없다. 도대체 어떻게 된 것인가?" 라고 하면서 대답해보라고 하였다.

그의 말을 듣는 순간, 중국국경 철조망에서 우리를 넘겨주던 중대장이 신을 믿는 사람이 있느냐고 물었던 말이 또 생각났다. "신의 도움이 없이는 살아남기가 힘든 구간 ……. "

나는 이렇게 대답했다. "우리 일행은 그곳에서 헤매다가 다 죽을 수밖에 없는 사람들이었습니다. 우리는 오는 길에 사람의 해골도 봤고, 수없이 널려있는 짐승들의 뼈와 야생 줄 말무리도 보았습니다. 그리고 우리 일행 중 한 사람은 거의 죽기 직전까지도 갔습니다. 그러나 선생님이 도저히 믿기지 않는 그 구간에서 우리가 살아나고, 또 오직 직진해 거리를 단축하고 걸어 어제 이 초소군인들을 만날 수 있었던 것은, 오직 살아계신 한 분 바로 내가 믿는 주님의 인도하심과 돌보심이 있었기 때문입니다. 그분이 우리의 간절한 기도를 들으시고 물이 없어 다 죽어가는 우리에게 물을 내어 먹여주셨고, 길을 몰라 헤매는 우리에게 친히 길을 인도해 주셨습니다.

여기에 와서야 그 길이 오직 직진이었다는 것을 우리는 알게 되었습니다. 우리는 여기 지역을 알고 들어온 사람들이 아니라, 아무것도 모르고 들어 왔지만 들어와서 보니 모래사막인 것과 죽을 수밖에 없다는 사실도 알게 되었고, 그래서 우리가 할 수 있는 일이라고는 오직 내가 믿는 예수님을 의지하고 기도하며, 도움을 청하는 것밖에는 없었습니다. 그렇게 우리 일행은 모두가 하나님의 도우심으로 그곳에서 빠져 나올 수 있었던 것입니다.”

이 모든 말을 통역원을 통해 전해들은 상관은 깜짝 놀라며 머리를 끄덕였다.

그렇게 우리 일행은 며칠에 걸쳐 나를 끝으로 모든 조사를 마쳤다. 그로부터 며칠이 더 지나, 초소에 들어 온지 8일이 되던 날 군관(초소상관)이 우리 일행을 불렀다. 그는 우리에게 통역원을 통해 내일이면 우리 모두를 북한 대사관으로 넘겨주기로 했다고 말했다. 우리는 또 다시 우리를 넘기면 우리는 다 죽는다고 매달리며 사정을 했으나, 그는 얼굴에 약간의 미소를 띠며 통역원을 시켜 우리를 데리고 나가게 했다.

밖으로 나온 통역원이 우리에게 ‘삐웅’하며 비행기 뜨는 흉내를 내면서 한국으로 가기 위해 내일 울란바토르로 간다고 기뻐하며 알려 주었다. 우리는 너무 기뻐 통역원의 손을 잡고 고맙다고 하며 어쩔 줄을 몰라 했다. 그날은 자유롭게 초소 뜰 안에서 놀도록 허락도 해 주었다.

드디어 초소에 들어 온지 9일째 되던 날인 6월28일 아침식사를 마치고 울란바토르를 향해 출발하였다. 장장 6~7시간을 달려 몽골의 수도 울란바토르 한국대사관에 도착하게 되었다. 오는 과정에 보니 초소에서 몇 시간을 달려서야 유목민들이 풀어놓은 양떼들과 그리고 그들이 사는 둥근 집들이 간혹 한 채, 혹은 두세 채씩 보였다. 울란바토르는 그리 크지 않은 도시였다. 땅덩어리에 비해 인구가 너무나도 적었다. 그나마 제대로 된 집과 아파트는 울란바토르 외에는, 그 어디에서도 찾아보기가 힘들었다. 한국대사관에 들어오니 주말이어서 주요직원이 없었고, 그날 당직하는 직원이 우리를 방으로 안내해주었다. 우리를 후송한 몽골 군인들은 직원에게 모든 서류와 함께 우리를 넘겨주고, 한국으로 잘 가라고 작별한 후, 초소로 돌아갔다. 우리는 그곳에서 이틀을 지내고 3일째(7월1일) 되는 날부터 또 다시 조사를 받았다.

초소에서와 똑같은 방법으로 한 사람씩 조사가 끝나고 나면, 마지막에 내 차례가 되었다. 그렇게 마침내 내 차례가 되어 호출을 받고 나가 통역원과의 대면이 시작되었다. 대사관에서 만난 통역원은 몽골대사로 한국에서 근무하신 아버님 덕분에 한국에서 태어나 초등학교까지 마치고 몽골로 돌아왔다고 자신을 소개했는데 정말 한국말을 유창하게 잘했다.

그는 위에서와 같이(몽골 군인에게 한 증언), 나의 이야기를 다 듣고 나서, "당신들은 정말로 하늘이 도운 사람들입니다. 그곳에서는 아무도 살아나올 수가 없는 곳입니다."고 말했다. 우리는 그곳에서 며칠을 더 지내고, 시내로부터 1시간 정도 떨어져 있는 대사관 휴양소로 옮겨져 지냈다.

(10) 휴양소에서 복음을 전함

휴양소에 도착하니 그곳에 우리보다 먼저 와 있던 다른 일행들이 있었다. 그중 몇 명이 우리가 도착한 다음날 한국으로 먼저 출발했고, 우리는 남은 다른 일행과 며칠간 더 머물렀다. 그 곳에 들어오는 순위대로 최종 절차가 끝나면, 한국으로 보내주었다. 그 곳 온 지 며칠 안 된 어느 날 대사관에서 사람이 나왔는데, 그의 손에는 많은 문건들이 들려 있었다. 그런데 그는 또 다른 통역관으로서 그곳에서 최종 심사를 했다. 그는 받은 서류대로 한사람씩 우리 일행을 불러 조사를 했다. 마지막으로 나를 조사 하던 중 함께 온 5살짜리 딸아이가 갑자기 열이 40도로 얼굴이 빨갛게 달아오르더니 쓰러지고 말 았다.

다급한 아빠(통역관)가 아이를 안고, "여기는 병원도 없고 시내로 나가려면 1시간은 걸려야 하는데 어떡하지?"하면서 어쩔 줄 몰라 했다. 그러는 그를 보고 있는 그때, 성령하나님께서 기도할 마음을 강하게 주셔서 통역원을 향해, "제가 우리 하나님께 기도를 올려 드려 볼까요?"라고 조심스레 말했다.

다급했던 통역관이 "그렇게 해 주세요!"라고 대답했다. 나는 짧은 순간이지만 아이를 향해 다가가면서 주님께 기도했다. "주님, 이 아이를 통해 이 가정을 구원해 주세요." 아이에게 다가간 나는 아이를 안고 소리 내어 기도하기 시작했다. "못 고칠 질병이 없으신 주님 어린 이 아이가 지금 열이 많이 오르고 있사오니, 이 아이의 달아오르는 열을 정상으로 내려가게 해 주세요. 이 아이의 열을 내려 주셔서 하나님 살아계심을 보이시고, 이 아이를 통해 이 가정이 모두 예수님 믿고 구원받게 해주세요. 예수님의 이름으로 기도드립니다. 아멘."

기도를 모두 마치고 아이를 아빠 품에 넘겨주면서, "제가 믿고 의지하는 하나님은 살아계신 분이심으로 금방 열을 내리게 해 주실 겁니다. 걱정 마세요."고 말하고 나는 다시 책상 내 자리로 돌아와 앉았다. 아이가 아빠 품에서 일어나 밖으로 나갔다가 다시 "아빠!" 하면서 들어왔다. 그러는 그 아이를 얼른 잡고 이마에 손을 얹어보았다.

정말 거짓말 같이 언제 그랬냐 싶을 정도로 이마에 식은땀이 조금 있을 뿐 열이 내렸다. 나는 얼른 아이 아빠를 향해, "선생님, 우리 하나님께서 열을 내려가게 해주셨어요. 한번 만져보세요!"라고 하자, 아이 아빠인 통역관이 "어디 보자!"하면서 아이의 얼굴에 손을 얹어보았다. 통역관은 너무 좋아서 어쩔 줄을 몰라 하며 기뻐했다.

아이는 다시 나갔고 우리는 남은 이야기를 마저 했다. 이야기 끝에 나는 통역관에게 복음을 전했다.

"방금 보신 바와 같이 우리 하나님은 살아계신 분으로, 우리 일행을 살려 이곳까지 데려 오셨을 뿐만 아니라, 선생님의 딸까지 오르는 열을 내리게 해 주셨습니다. 태초에 하나님이 이 온 우주 만물을 만드시고, 이 세상의 모든 숨 쉬는 동물, 새, 작은 곤충에 이르기까지, 그리고 사람도 하나님이 만드셨습니다. 그런데 태초에 하나님이 만드신 사람이 하나님의 말씀을 어기고 죄를 지음으로써, 온 인류는 그때부터 죄 가운데서 태어나 하나님을 거부하는 죄인이 되었습니다. 그럼에도 하나님은 죄인인 우리를 너무나 사랑하셔서, 하나님의 아들이신 독생자 예수님을 이 땅에 사람으로 보내시어, 마지막 날에 우리가 받아야할 죄의 형벌을 받게 하셨습니다. 우리를 대신해 죽음의 형벌인 십자가를 예수님이 지게 하셨습니다. 그리고 3일 만에 다시 살리셨습니다."

"이렇게 하심으로써 하나님의 아들인 예수님을 구주로, 우리의 심판주로 믿기만 하면, 영원한 죽음인 심판을 면해주시고, 하나님 계신 천국으로 가는 생명 길을 열어 주셨습니다. 우리가 이 세상에서 살다가 죽으면 끝나는 것이 아니라, 그 후에 우리에게 생명을 주신 하나님 앞에서 삶에 대한 최종적인 책임을 묻는 심판이 있습니다. 예수님을 안 믿고, 인생의 끝까지 하나님을 거부하는 사람은, 누구나 다 영원히 꺼지지 않는 불속에 던져버리십니다. 지옥 형벌을 받게 됩니다. 지옥은 구더기도 죽지 않는 뜨거운 곳으로 고통이 이 세상의 어떤 것과도 비교가 안될 만큼 큽니다. 그러나 예수님을 믿기만 하면 그곳에 가지 않고 천국인 하늘나라에서 영원히 하나님과 함께 살 수 있습니다. 사실 죽는다는 것은, 하나님이 우리에게 주신 육체의 생명을 다하는 것입니다."

"그런데 죽음이 끝이 아닙니다. 죽고 나면 바로 하나님 앞에서 심판을 받습니다. 이 세상 누구도 이 심판을 비켜갈 수 없으나, 오직 예수님을 믿고 의지하는 사람만이, 예수님 때문에 하나님을 아버지라고 부르며, 하나님의 도우심과 인도하심을 받을 뿐만 아니라, 심판도 면하게 됩니다. 바로 우리가 광야에서 이 하나님을 의지하고, 그의 아들 예수님의 이름으로 기도했기에, 우리 기도를 들으시고 우리를 그곳에서 살려주신 겁니다.

그리고 방금 딸도 기도를 들으시고 열을 내리게 해 주신 것 이구요. 그러니 선생님께서도 부인과 자녀를 데리고 교회를 찾아가셔서 예수님을 영접하여 모시고 살면, 하나님께서 선생님과 가족들의 인생을 책임져 주십니다. 그리고 하시는 일마다 복을 주셔서, 인정받으며 행복하게 살아가도록 할 뿐만 아니라, 영원한 죽음의 심판인 지옥형벌도 면하게 해 주십니다."

나의 말이 끝나자 통역관은 기쁜 마음으로 나를 향해, "우리 집 바로 옆에 한국에서 오신 목사님이 세우신 교회가 있습니다. 그 곳에서 우리 몽골 사람들이 예배를 드립니다. 제가 우리 부인과 아들딸을 데리고 그 교회로 나가서 예수님을 믿으며 살겠습니다." 라고 흥분하며 고백했다. 복음을 통해 한 가정을 예수님 품으로, 구원의 길로 인도한 나는 너무 기뻤고, 통역관도 "영실 선생님을 만나 하나님을 알게 되어 너무 행복하다."고 했다. 그리고 그는 "빨리 한국으로 가도록 도와주겠다."고 말하고는 한국에 가는 날 만나자고, 그때까지 이곳에서 편안히 지내라고 인사를 나누고 돌아갔다. 그렇게 우리는 그 곳에서 한주 남짓 보냈다.

(11) 그리던 한국 땅을 밟음

2004년 7월 15일 새벽 일찍 울란바토르 공항을 향해 출발 했다. 그곳에서 휴양소에서 만났던 통역원이 모든 서류와 함께 우리를 기다리고 있었다. 내 기억으로는 6시 넘은 이른 아침, 첫 비행기로 인천 공항을 향해 출발한 것 같다. 그렇게 우리는 인천공항에 오전10경에 도착했고, 공항 밖으로 나오지 않고 뒤편에서 바로 차를 타고 서울 특별시에 있는 '대성공사'에 도착했다.

'대성공사'에 도착하니 마침 점심시간이 다 되어 많은 사람들이 식사준비를 하고 있었다. 우리를 인솔한 선생님이 우리의 짐을 한 곳에 두게 하고 먼저 밥부터 먹고 방을 배정받자고 했다. 우리는 그렇게 안내를 받으며 식당으로 들어갔다. 그런데 그곳에서 처음 들어오는 우리를 보면서 저마다 묻기를 "여러분이 몽골에서 오신 김영실씨 일행입니까?" 하고 묻는 것이었다. 나는 얼떨결에 "네, 우리가 일행입니다. 제가 김영실입니다." 라고 하면서, 어떻게 아느냐고 되물었다. 그러자 국정원 선생님들마다 "이번에 몽골에서 김영실씨 일행이 오는데, 죽음의 광야에서 하나님이 살려주셔서 오게 되었다고 한다."는 말을 들었다는 것이다.

그렇게 우리 일행은 국정원에 들어오기도 전에 이미 '하나님이 살린 일행'이라고 소문이 나 있었던 차라 보는 사람마다 반겨 주었다. 그렇게 우리는 뜻밖의 환대와 함께 점심식사를 마치고 나서야, 등록하고 방을 배정받았다.

그곳에는 이미 100명에 가까운 사람들이 와있었고, 거의 한달 가까이 지내는 조도 있었다. 우리는 그곳에 들어간 다음날 건강검진부터 받았다. 다행히 건강에는 이상이 없었다. 우리는 주님의 은혜로 그곳에서 10일 남짓 있다가, 7월말에 교육기관인 '하나원'으로 들어갔고, 바로 앞전 기수까지는 교육기간이 석 달이었는데, 우리 기수부터는 교육이 두 달로 줄었다는 것이다. 그곳에서 8월과 9월 두 달간 있으면서, 예수에 미친 아이라는 말을 들을 정도로 오직 전도에 힘썼고, 하나원 교회 담임이신 강철민 목사님을 도와 많은 초신자들을 섬겼다.

무엇보다도 새벽예배를 위해 '섬김이' 직을 맡아, 목사님이 오시기 전에 예배당에 불을 켜고, 찬양을 틀어놓으며, 예배할 준비를 해야 했다. 예배 시간은 새벽 5시이지만, 먼저 기도하고 성도들을 맞이하고 안내해야 했기 때문에, 매일 새벽 3시에 일어나야만 했다. 문제는 시간 엄수인데, 알람도 없는데 3시에 일어난다는 것을 불가능한 일이었다. '하나원' 규칙상 밤 10시가 취침인데, 점검 후 12까지 서로 이야기하다보면 늦잠을 자게 마련이었기 때문이다.

이런 사정을 다 아시는 하나님께서는 '하나원' 교육을 마치기까지 매일 새벽 3시에 정확하게 깨워주셨다. "사랑하는 내 딸, 영실아!" 다정한 하나님 음성은 매일 마음의 감동으로 다가왔다. 이처럼 섬기게 된 것은 큰 은혜이며 복이었다. 또한 음악을 잘 모르는 데도 성가대원으로 봉사하였다. 예배 때마다 기쁨과 감격을 맛보았다. 하나님의 보호 인도하심은 참으로 기이하고 오묘한 일이 아닐 수 없다. 이렇게 하나원에서는 교회도 섬기고, 한국에 대해서도 알아갔고, 사회정착에 대한 교육도 받았다.

10월 7일(목요일)이 되어 '하나원'을 퇴소하였다. 퇴소 후, 저녁시간에 100명이 넘는 사람들이 거주할 아파트에 도착해 집을 배정 받았는데, 우리 기수가 한 번에 모두 배정을 받아 60가구(100여명)가 함께 같은 곳으로 오다보니, 날이 어두워서야 배정을 마치고 각자 자기 집으로 들어가게 되었다. 이렇게 외롭지 않게 한국 생활을 시작할 수 있었다.

우리가 배정 받은 아파트는 새로 지은 아파트고, 우리가 첫 입주자이다 보니 입주 청소가 안 되어있었다. 집안 곳곳에 비닐들이 그대로 붙어있었다. 나는 장판 비닐부터 떼어내고, 밤새 잠을 자지 않고 집안을 깨끗이 청소하기 시작했다. 집안 곳곳에 공사하면서 붙은 먼지들을 벽이며, 주방, 화장실, 베란다 할 것 없이 구석구석 토요일 새벽까지 청소하며 시간을 보냈다.

겨우 토요일 오전에서야 집밖으로 나와 '하나로마트'를 찾아갔다. 한국에서 처음 해보는 물품 구입인데, 작은 것 하나도 오천 원, 만 원에 나는 놀라 집어 들었던 물건을 그대로 놓고, 간단하게 먹을 것만 사가지고 일주일 동안 물건 사러 밖으로 나가지 않았다. 이제 내일이면 거주지에서 맞이하는 첫 주일이라 나는 예배드릴 교회를 알아봐야 했다. 왜냐면 내가 하나원에서 전도한 24명의 영혼들을 예배로 인도하여 섬겨야하기 때문이었다.

그래서 9일(토요일) 저녁에 교회를 알아보기 위해 복도에서 밖을 내다보다가 깜짝 놀랐다. 중국에서 보지 못했던 교회 십자가가 한국에는 너무 많았다. 나는 어느 교회를 가야 할지, 하나님께서 우리를 위해 예비해주신 교회가 어디인지 몰라 주님께 기도로 묻기 시작했다. "주님, 이 많은 교회 중에 우리를 위해 예비하신 교회가 어느 곳입니까?" 그때 주님께서 내 마음에 "딸아, 네 눈을 아래로 향해 봐라."고 말씀해 주셨다.

나는 그때서야 아래쪽을 향해 살피기 시작했다. 아파트 공원을 지나, 바로 앞에 붉은 벽돌로 지은 건물 십자가 기둥에 '산들교회'라고 쓴 형광판이 보였다. 나는 얼른 "주님, 저기 '산들교회'가 있는 것 같습니다." 하고 물었다. 그러자 주님은 "아니다. 다시 봐라!"고 말씀해 주셨다. 나는 눈을 크게 뜨고 다시 찬찬히 바라보았더니 '산돌교회'였다. 그래서 나는 "주님, 산돌교회 같습니다." 했더니, 주님께서 "옳다."고 하심과 동시에 마음에 확신과 기쁨이 들었다.

나는 지체할 새 없이 얼른 문을 잠그고 산돌교회 내려가, 예배당에서 2시간 넘게 기도하고, 늦은 밤 11시가 가까워 나와서 교회 1층으로 내려오고 있었다. 그런데 그때 계단 옆에 있는 사무실에서 한 분이 나오시다가, 나를 발견하고는 어떻게 오셨냐고 물었다. 그때 나는 나의 신분을 밝히고, 낼 24명의 일행과 함께 주일 예배 드리려고 하던 중, 하나님께서 이 교회로 이끌어 주셔서 사전에 먼저 와서 기도하고 가는 길이라고 말하자 나를 사무실 안으로 이끌었다.

그곳에는 아직 퇴근하지 않으신 담임목사님과 또 한분이 있었는데, 알고 보니 이 두 분은 장로님과 집사님이셨다. 그 밤 첫 만남에서 담임목사님과 나는 거의 새벽 1시까지 이야기를 나누었다. 나를 안내 받은 목사님은 바로 교회 4층에 있는 사택으로 나를 데려가 사모님과도 함께 대화를 나누게 되었던 것이다. 두 분은 그렇게 나에게 잘 왔다며 반겨주셨다.

이튿날 주일 11시 예배에 우리 일행 24명이 참석했고, 산돌교회 모든 성도들은 우리를 환영하며 맞아주었다. 원래 하나원에서 양육하시던 목사님이 지역에 배정 받으면 사전에 교회를 안내해 주시는데, 우리는 주일 예배를 마치고서야 하나원 강철민 담임목사님께서 전화가 왔다. 목사님은 바로 우리가 예배드린 산돌교회를 안내해 주셨다. 하나님의 뜻이었다. 한 성령하나님의 인도하심을 받는 길은 하나일 수밖에 없다. 하나님의 인도하심으로 바로 그 산돌교회에서 예배를 드렸다는 말에 강철민 목사님도 하나님의 은혜라고 놀라면서 기뻐했다. 그렇게 하나님이 보내주신 산돌교회에서 지금까지 우리 주님을 섬기고 있다.

처음 집에 도착해 왔을 때는 가산이라고는 아무 것도 없는 텅 빈 집이었으나, 주님의 사랑으로 산돌교회 김현동 담임목사님을 비롯한 성도님들의 도움으로 빈집이 하나씩 채워졌다. 목사님은 가구공장마다 찾아다니며, 사장님들에게 부탁해 출고되지 않은 가구들을 후원받아 집집마다 나눠주기도 했다. 주님의 사랑 안에서 나타낼 수 있는 아름다운 삶의 모습들이었다. 따뜻한 사랑을 허락하신 하나님께 먼저 감사를 드리고, 언제나 함께 해주신 사랑 하는 성도님들에게도 고마운 마음을 표한다.

Part 4.

사역자로 세워주신 하나님

Part 4. 사역자로 세워주신 하나님

내 차례가 되어 안수를 받고 일어서서, 노회 임원목사님들과 인사를 나누는데, 드디어 우리 담임목사님 앞에 서게 되었다. 감격의 눈물을 머금고 있는데 담임목사님께서 여기까지 오는 동안 고생이 많았다고 꼭 안아주셨다. 순간 그만 감격에 북받쳐서 내가 소리 내어 우는 통에, 목사님과 축하하기 위해 모인 가족들과 성도들이 다 울고 말았다. 이 기쁜 감격을 무슨 말로 다 표현하겠는가? 부족하고 어리석은 죄인을 불러 자녀 삼아 주신 것도 감사한데 주님의 종으로 세워주시니 이 얼마나 크신 은혜인가? 그 주님의 사랑과 은혜 안에서 목사 되기까지 나에게 베풀어 주신 담임목사님과 사모님의 사랑은 또 얼마나 큰가? 그런데 오늘 이렇게 고생이 많았다고 주님께서 나에게 격려해 주시듯 목사님께서 주님의 사랑의 마음으로 말씀해 주시면서 꼭 안아주시니 말이다.

주께서 예비하신 신학교

내 나이 33세, 한국에 살려고만 온 사람이 아니라, 하나님의 종이 되어 하나님의 때에 세상에서 쓰임 받고자 한국에 왔기 때문에, 제일 먼저 할 일은 다음해 등록할 학교를 알아보는 일이었다. 사실 '하나원'에서 인연을 맺고 나온 서울 약수교회 김경수 담임목사님의 소개를 받으면 총신대에 입학하게 되고, 또한 '하나원' 강철민 목사님의 소개를 받으면 장신대에 입학할 수 있었다. 그렇지만 나는 한국에 대해 아는 것이 하나도 없는 상태라, 오직 하나님의 인도하심만을 의존해야 했다. 지금까지 이끌어 주신 나의 길이 되신 주님의 인도하심만이 가장 정확했기 때문에, 나는 크든 작든 모든 것을 하나님께 맡기고, 구하며 하나님의 손길을 바라봐야 했다.

내가 하나님의 손에 이끌려 산돌교회로 갔을 때에는 교회가 건축한지 2년차 될 때였다. 하나부터 열까지 기도하며 주님의 종인 목사님의 안내를 받아야 했다. 내가 한국에 왜 왔으며 학교를 위해 뭘 준비해야 하는지 다 알게 된 목사님이 어느 날 나에게 천안 백석대학교에 한번 다녀오자고 했다. 그렇게 함께 천안 백석 대학교에 들어가 교학처에서 모든 안내를 받고 나온 나는 주님께 이 학교가 나를 위해 예비하신 학교인지를 묻기 위해 기도드렸다.

그러나 내 마음은 주님이 주시는 평안이 없고, 먼지 모를 불안한 마음만 가득했다. 언제나 주님의 싸인(sign)은 평안과 기쁨인데, 마음이 편치 않다는 것은 하나님의 싸인이 아니기 때문이라 생각했다. 나는 집으로 올라오는 길에 목사님께 여기 말고는 신학교가 없냐고 물었다. 그랬더니 목사님은 같은 교단의 신학교가 서울 서초구 방배동에 하나가 더 있다고 가보겠냐고 물으셨다. 나는 가보자고 대답했다.

그렇게 다음날 목사님과 나는 방배동에 있는 백석신학교로 가게 되었다. 학교에 들어선 나는 천안과 달리 아늑함을 느꼈고, 교학처에서 모든 절차를 소개 받고 나오는 내 마음이 편안하면서 여기가 하나님께서 나를 위해 예비하신 학교라는 마음과 함께 기쁨이 샘솟는 것을 느꼈다. 나는 목사님께 이 학교로 정하겠다고 말하고 등록에 대한 모든 절차를 차곡차곡 준비해 나갔다. 등록을 위한 모든 절차는 다 마쳤는데 문제는 등록금이었다. 나는 주님의 종을 배출하는 신학교는 돈을 안 받는 줄 알았다. 그런데 등록금이 삼백만원이나 든다니, 도와줄 일가친척 하나도 없는 나로서는 큰 문제가 아닐 수 없었다. 나는 등록금을 벌기 위해 일자리를 알아보던 중, 우리 동네 종합병원 원장의 도움으로, 그 병원 물리치료실 보조간호사로 한 달에 60만원을 받으며 일하게 되었다.

학교에 등록할 수 있도록 모든 길을 예비해 주신 주님의 사랑과 은혜 속에 나날이 기쁨으로 준비해 가던 중에, 어느덧 등록금을 내는 날이 왔다. 김현동 목사님이 나를 부르시고 사모님과 함께 교회에서 기다리고 있었다. 교회로 가보니 뜻밖에 목사님께서 하얀 봉투를 건네면서, 사모님이 나의 첫 등록금을 준비해 주셨다고 말씀하면서 어서 가서 내고 오라고 했다. 뜻밖의 선물에 나는 황송한 마음으로 감격하여 어쩔 줄 몰랐다. 주님의 사랑이 아니고서야 누가 감히 큰돈을 내놓을 수 있겠는가? 그렇다고 목사님 가정 형편도 넉넉한 게 아니었다.

당시 예배당을 건축하는 중이었고, 교회엔 빚도 있는데다가, 성도들이 많지 않아 사례비도 없었다. 슬하에 중학생, 초등생 두 자식을 돌봐야 하는 형편이어서, 나에게까지 신경을 써야 한다는 것은 웬만해서는 불가능한 일이었다. 마음이 있어도 물질이 없으면 어쩔 수 없는데, 자식들에게 남들처럼 해주지도 못하고, 허리띠를 조이면서 사역하는 것을 다 알고 있는 나로서는 도저히 받을 수 없는 너무나 큰 사랑이었다.

나는 속으로 주님의 사랑으로 돌보아주신 목회자 부부의 사랑을 잊지 않으리라 다짐하였다. 두 분의 사랑은 이게 끝이 아니었다. 내가 힘들고 지칠 때마다 손을 내미셨고, 울 때면 안아주었고, 의욕을 잃을 때면 용기와 힘을 주셨으며, 부족한 나를 위해 늘 주님께 기도 드리면서 든든한 힘이 되어주셨다. 그렇게 하나님께서 맺어주신 목사님 부부를 통해 주님의 손길과 사랑을 받으며, 오늘 종으로서 설 수 있게 되었다. 이 모든 과정을 은혜와 사랑으로 이끌어 주신 하나님께 감사와 찬송을 드리며, 두 분에게도 경의를 표하는 바이다.

곤경에 빠져버린 학업

드디어 2005년 3월 그토록 바라던 백석신학대학에 입학하고, 첫 수업에 착수하게 되었다. 부풀고 기대했던 마음과 달리 첫 학기부터 또 다른 어려움에 봉착하게 되었다. 바로 언어의 장벽이었다. 나는 북한에서 12살에 나라의 부름을 받고 초등학교 4년을 마친 후, 중학교는 이름 석 자만 올리고 졸업했으니, 높은 수준의 대학 공부가 버겁기만 했다. 게다가 글은 우리 한글이나 책속의 내용은 외국어를 번역한 글이다 보니, 내용을 이해하기가 힘들었다. 더 힘든 것은 모든 강의를 영어로 말하고, 대답 하는 영어 시간에는 도저히 알아들을 수가 없어, 모든 지적 기능이 마비가 온 듯, 멍한 상태어서 더 나를 힘들게 했다. 그러나 주님을 바라보며 용기를 내 보려고 애썼다.

학교와 집이 거의 두 시간 15분 거리다 보니, 아침에는 새벽 6시에 버스를 타야 했고 저녁에는 집에 도착하면 9시가 넘었다. 매일 왕복 4시간 거리에 쏟는 에너지 보다는, 모든 강의 내용이 그 동안 종교가 없는 북한에서는 한 번도 듣지 못한 내용이라, 어린 아이가 하나부터 열까지 새로 배우듯이, 전부 새롭게 배워 익히는 과정에서 쏟는 사투(死鬪)가 나를 더 지치게 만들었다.

그렇다고 머릿속에 쏙쏙 들어오는 것도 아니었다. 아무것도 머릿

속에 남지도 않고, 그렇다고 잘 이해가 되지 않아 속상할 때면 목사님은 콩나물 비유를 들려 주셨다. 콩나물에 물을 주면 물은 다 밑으로 빠져 나가지만, 콩은 무럭무럭 자라나듯이 학식도 무언가 남는 것이 없고 다 잃어지는 것 같지만, 어느 순간이 되면 그것이 내 안에서 들리고 읽히게 된다고, 힘주고 위로해주었다.

그러나 이러한 위로도 오래 가지 못했고, 학기 내내 교수님들의 강의 시간에는 멍 때리듯, 아무것도 느끼지 못 할 정도로 이해하기 힘들었다. 그러나 나에게 한줄기의 희망은 오직 예수님이셨다. 학기 내내 이해하지 못하던 강의 내용 때문에, 중간고사, 또는 기말고사 때마다 나는 기도로 주님을 무한히도 괴롭혔다. 그도 그럴 것이 주님께서 은혜로 깨달음을 주시지 않으면, 백지를 낼 수밖에 없기 때문이었다. "주님, 지금까지 배운 내용을 알 수 있도록 깨달음을 좀 주세요. 그렇지 않으면 백지로 시험지를 낼 수밖에 없습니다. 그러면 나만 망신당하는 것이 아니라 주님의 영광을 가립니다. 이 어리석고 작은 자가 하나님의 영광을 가리지 않도록 좀 도와주시옵소서."

기도할 때마다 하나님은 기막힌 하나님의 방법으로 강의 교재내용을 이해시키셔서 시험 때마다 쓰도록 해주셨다. 그렇게 하나님은 어리석은 자에게 지혜를 주셔서 학부를 마치고 대학원 전 과정을 그래도 높은 점수로 마칠 수 있도록 해 주셨다. 나에게 있어서 학업의 모든 과정은 그 자체가 기적이었다. 고린도전서 1장27절 말씀처럼, 어리석은 자를 지혜롭게 하시는 하나님의 은혜가 없었다면, 학업의 전 과정은 나의 노력과 힘으로는 불가능한 일이었다.

교만한 마음을 깨닫게 하심

하루를 시작하는 새벽 주님과 시작하여 온 종일 주님 의지하며 하루의 마침도 주님과 함께 마쳤다. 매일 저녁 10시면 교회에서 사모님과 늘 함께 기도를 드렸다. 그러던 어느 날 낮기도 때 강대상 밑에 엎드려 기도하는 나에게 주님께서 대형 교회 건물들이 연이어 와르르 무너지는 환상을 보여주심과 동시에 마음의 감동으로 음성을 들려주셨다.

"내가 다 준 것인데 자기들 것이라고 한다." 나는 어리둥절해서, "아빠, 무엇을 말씀입니까?" 라고 묻자, "교회도 양떼도 다 내가 허락해 준 것인데, 나를 잊고 다 저희 것이라고 한다."고 하시면서, 하나님의 아픈 심정을 나의 마음에 간접적으로 느끼게 해 주셨다. 나는 아픈 가슴을 움켜잡고 바닥을 뒹굴며 울었다. 가슴이 너무 아파 움켜잡고 숨이 잘 쉬어지지 않은 그때, 주님께서 "딸아, 아프냐?" "네, 너무 아파요!" "그러니 나는 어떡하겠느냐?"고 말씀하셨다.

"주님, 어떻게 종이라는 자들이, 백성이라는 자들이 그럴 수가 있죠? 주님의 마음을 아프게 할 수 있죠? 돌들로도 영광 받으시는 살아계신 하나님이신데, 다 쓸어버리고 다시 만들면 되지 않습니까? 아버지는 하나님이신데 왜 죄인인 인간 때문에 아파 하셔야 합니까?"

나는 주님의 마음을 이해한답시고 흥분하여 말씀드렸다. 오히려 그런 나를 하나님께서 호되게 질책하셨다. "그러면 너부터 없다."고 말씀 하시면서, "내가 너에게 보여준 것은 그들을 정죄하고 판단하라고 보여준 것이 아니라, 그들이 비록 실수하여 잘못을 했을지라도 내 사랑하는 나의 아들이요, 내 종이니 그들을 위해 기도하라고 보여 준 것이다."고 하셨다. "내가 너를 쓸 터인데 너는 그러지 말아다오." 죄인인 나에게 하신 주님의 말씀, 나는 가슴을 움켜쥐고 울고 또 울었다.

죄인인 우리를 너무나 사랑하셔서 독생자까지 내어주신 사랑을 다시 한 번 깨달았다. 죄성으로 인해 늘 하나님을 실망시킴에도 불구하고, 여전히 나를 사랑하셔서 남을 정죄하고 판단하고, 남의 잘못만 탓하기에 급급한 어리석은 이 죄인에게, 하나님 아버지의 사랑하시는 그 마음을 깨우쳐 알게 하신 것이다. 그 사랑으로 마음을 다해 서로를 위해 기도하라고 요청하시는 하나님의 크신 사랑을 무슨 말로 다 표현하며 무엇으로 다 갚겠는가?

나는 이날 비로소 예수님 안에서 서로를 위해 기도하는 것이 얼마나 중요한지 깊이 깨닫게 되었고, 정죄와 판단은 하나님 아버지께서 싫어하시는 죄이며, 교만한 마음인 것을 깨닫게 되었다. 죄인인 우리를 여전히 사랑하시는 주님께서 나를 깨우치는 방식은, 언제나 말씀을 읽기 전에 삶속에서 가르쳐 주시고, 성경 말씀을 통해 확증시켜 주시곤 하셨는데, 이 날의 가르침 역시 얼마 지나지 않아 말씀으로 재조명해 주셨다. 그 말씀은 바로 누가복음 6장 37-38절 말씀이다.

"비판하지 말라 그리하면 너희가 비판을 받지 않을 것이요 정죄하지 말라 그리하면 너희가 정죄를 받지 않을 것이요 용서하라 그리하면 너희가 용서를 받을 것이요 주라 그리하면 너희에게 줄 것이니 곧 후히 되어 누르고 흔들어 넘치도록 하여 너희에게 안겨 주리라 너희가 헤아리는 그 헤아림으로 너희도 헤아림을 도로 받을 것이니라" (눅6:37-38)

주님의 은혜로 나의 믿음은 더 견고해졌다.

열악한 재정으로 중단된 학업

2005년에 백석 대학에 입학하여 1학년을 마치고, 2학년 1학기, 나는 등록금을 내지 못한 상태에서 출석했다. 기말고사를 앞두고 교학처에서 호출하고, 바로 학장실로 올라갔다. 등록금을 내지 못하면 이번 학기 들은 강의는 다 무효니, 등록금을 내야 출석이 인정이 된다고 등록금을 먼저 납부하라고 독촉하였다. 결국 나는 휴학을 하고 말았다. 어떤 일이 있어도 후퇴는 없다고 결심했는데, 상황은 내 마음대로 흘러가지 않았다. 1년만 벌어가지고 다시 오리라 굳은 결심을 하고 학교를 나섰지만, 생각지 못하게 1년이 아닌 5년이 흘러버렸다.

이 사이 나는 '한국청소년 상담센터'에서 근무하게 되었고, 이어 주님의 은혜로 2008년 6월부터는 통일부 산하 기관으로, 탈북자 교육생들이 지역사회에 잘 적응하도록, 일상에 필요한 모든 부분을 단기간 교육하는 '하나센터'에서 정착팀장으로 일하게 되었다. 주님은 그곳에서 좀 더 넓은 의미에서 영적으로 볼 수 있는 눈과 깨달음을 주셨다. 모든 것을 합력하여 선을 이루시는 주님께서 5년의 세월을 그냥 흘러가도록 하지 않으시고 또 다른 훈련장으로 만들어 나를 훈련해 가신 것이다.

그러나 문제는 내가 그런 삶에 안주하면서 종으로 가야할 길을 그만 포기하려했다는 것이다. 나는 나의 나름대로 규정을 정해놓고 주님께 "나보다 더 똑똑한 사람들이 많으니 그들을 종으로 만들어 쓰시고, 나는 열심히 전도하면서 내 신앙만 지킬게요." 하면서 스스로를 위안 했다. 그리고 나름대로 열심히 돈을 벌어서 물질로 주님의 구원사역에 보탬이 되겠다는 생각을 가지고, 사업장을 내려고 최저이자로 1천만 원을 대출을 받기도 했다. 가게를 낼 장소도 제공해 주는 사람도 있었고, 당시 여성 한 달 월급이 70-80십 만원, 많게는 120만원, 일반 공무원 120만원부터인데, 나의 월급이 160만원이었으니, 여성으로서는 높은 수준이었다.

　그러나 어찌된 일인지 돈은 모이지 않고, 밑 빠진 항아리마냥 다 새어나가고, 사업 추진도 이리저리 꼬이면서 할 수가 없었다. 영문을 알 수가 없었다. 나는 여느 때와 같이 주님께 기도드렸지만, 웬일인지 주님께서 아무말씀 없으시고 침묵만 하셨다. 결국 나중에 주님께서 깨우쳐 주셨지만, 하나님께서 각자 부르신 목적과 뜻한바가 있으신 것이다. 우리가 하고 싶다고 해서 되는 것도 아니고, 싫다고 해서 안 되는 것도 아니다. 하나님께서 뜻하신 일들을 이루시기 위해 세우신 계획대로, 주님 안에서 우리를 부르셨고, 그 일들을 이루어 가신다는 사실이다.

주님께서는 나를 종으로 부르셨고, 그 길 위에 세우셨으니, 나의 가야할 길은 세상에서 돈으로 주님 일을 하는 것이 아닌, 주님의 종으로서 주님의 일을 해야 하는 게 바로 내가 가야할 길이었던 것이다.

'여호와 이레' 이신 하나님

여느 때처럼 오전 10시가 되어 나는 조용히 사무실에서 나와 교회 예배당에 올라가 주님 앞에 엎드려 기도하기 시작했다. 한참을 주님과 대화하던 중에 주님께서 문득 내게 감동으로 말씀하시기 시작하셨다. "내가 북녘 땅을 문 열려고 준비하고 있는데 네가 준비하지 않으면 어떻게 하냐?" 고 하셨다. 나는 깜짝 놀라 "주님, 내가 종으로 가는 것이 주님의 뜻이라면 돈을 주셔야 가죠." 라고 나는 되물었다.

그러자 주님께서 "네가 스스로 돈 벌어서 한다고 하지 않았느냐, 그런데 무엇을 했느냐."고 도로 또 내게 물으셨다. 순간 내 머릿속에 지난 5년이 스쳐지나갔다. "그렇지 내가 벌어서 다시 학교로 가겠다고 했는데 내가 무엇을 하고 있었는가?" "그리고 열심히 일했는데 그 돈은 다 어디로 갔는가?" 많은 생각들이 지나갔다. 그때 주님께서 내게 이런 깨달음을 주셨다.

주님이 도와주시지 않으면 할 수 있는 것이 하나도 없다는 것을. 그리고 주님을 의지하지 않고 내 자신이 무엇인가를 하겠다고 우뚤거리면 주님은 뒷짐 지시고, 한발 물러서서 지켜보고 계신다는 사실을. 비로소 그때서야 나는 주님께 고백했다. "주님 내가 할 수 있는 것이 없네요. 만일 내가 주님의 종으로 가기를 원하신다면, 이제 후로는 다 주님께 맡기오니 나의 길을 친히 인도해 주시옵소서. 그리고 대출받은 것으로 등록금을 내고, 다시 학교 갈 테니 이후의 모든 등록금을 책임져주세요.”

그렇게 나는 모든 것을 주님께 맡기고, 2010년 8월에 2학년 2학기부터 다시 다니게 되었다. 학부를 마치고 대학원 입학 할 때에도, 여전히 나에게는 등록금이 문제였다. 거의 대학의 2배인 대학원 등록금을 충당할 자신이 없었다. 그래서 나는 주님께 기도로 물었다. “주님 대학만 마치고 전도사로만 사역하면 안 돼요? 혹시라도 나의 욕심이면 학부까지만 마치게 하시고, 주님의 뜻이라면 등록금을 해결해 주세요.”

이렇게 기도하는 중에 하나님께서 모든 절차들을 나를 위해 준비시켰다는 생각을 주셨다. 사실 우리학교(백석)는 원래 여성 목사 안수가 허용이 안 되던 학교였는데, 2011년도에 첫 여성 안수가 통과되었다. 내가 5년을 휴학하지 않았다면, 처음으로 여성 목사 안수를 받게 되었을 것이다. 나의 첫 동기생(2005학번)들은 첫 안수를 받았다. 그뿐만 아니라 내가 학부를 마치고 대학원 면접을 볼 때 일이다. 그전까지는 신학대학을 마친 사람도 대학원에 입학하려면, 시험을 치르고 면접에 통과해야만 입학할 수 있었다. 그런데 2013년도부터는 백석 설립자, 장종현 박사님이 백석 신학생은 시험보지 않고 면접만 통과 되면 입학시키겠다고, 신학대 채플시간에 약속을 했고, 그해 졸업생들은 약속대로 면접으로 입학할 수 있게 되었다. 더러 면접에 탈락하는 학생들도 있었지만, 나는 주님의 은혜로 통과했다. 하나님께서 나를 위해 여성 안수도, 까다로운 대학원 입학절차도 면접으로만 통과되도록 만들어 주셨던 것이다.

나는 대학원 가는 것이 하나님 아버지 뜻임을 깨닫고, 또 다시 모든 것을 주님께 맡기고 대학원 전 과정(6학기)등록금을 책임져 해결해 달라고 기도했다. 하나님께서는 하나님의 방법으로 대학원 전 학기 장학금을 은혜로운 손길들을 통해서 채워 주셨다. 언제나 때를 따라 돕는 은혜를 주시는 주님의 십자가 보좌 앞으로 나가 아뢰기만 하면, 들어주시고 당신의 뜻 가운데로 인도해 주시는 주님의 은혜가 있어 매 순간 믿음을 지킬 수 있음을 고백한다.

"그러므로 우리는 긍휼하심을 받고 때를 따라 돕는 은혜를 얻기 위하여 은혜의 보좌 앞에 담대히 나아갈 것이니라" (히 4:16)

먼저 응답하시는 하나님

2010년 2학년 2학기(가을학기)에 재입학하여, 새로운 친구들과 새로운 반에서 다시 시작하는 마음으로 새롭게 학기를 시작하고, 이듬해인 2011년 봄 학기(3학년1학기)반에서 뜻이 맞는 학우 4명과 '백석 전도 동아리'를 만들어, 매주 목요일 사당역에서 전도를 했다. 역장님의 도움으로 역구내 한 부분의 자리를 빌려 테이블을 설치했고, '해오름교회' 전도팀의 도움으로 커피와 책자를 공급받았다. 백석에서 기독신문을 제공 받아 테이블을 채우고, 매주 즐겁고 행복한 마음으로 전도를 했다.

사당역은 4호선과 2호선의 교차지점이라 늘 사람들이 많았다. 일행 중 몇몇은 커피 봉사하고, 두세 명은 자리에 앉아 예수님의 십자가의 복음을 설명했다. 매주 신나는 전도를 하다 보니, 학교 내에 소문이 나면서 교직원들과 교수님들도 알게 되었고, 전도에 합세하는 학우들도 속속 생겨나게 되었다.

그러던 어느 날, 이단 신천지가 지상에 모습을 들어 내지 않고 서울 대형교회를 빙자하여, 사람들의 눈을 속여가면서 신앙이 어린 교인들과 신학생들에게 계시록이 어쩌고, 성경공부가 어쩌고 하면서, 한창 유인해 포섭하려는 걸 보았다. 갑자기 그들 중 두 명 나에게 다가오더니 자기 언니 일로 상담을 받고 싶다고 했다. 나는 영적인 상담을 해오던 터라 흔쾌히 승인하고, 모르는 척 조용히 한쪽에 자리를 잡고 이야기를 들어주었다.

처음에는 자기 언니가 신 내림을 받아야 한다고 뜸을 들이며 말하기 시작했다. 눈치를 보아하니 다른 속셈이 있는듯하여 내가 끼어들어 말을 건넸다. "언니 일은 핑계고 혹시 다른 용건이 있으신 것은 아닙니까?"고 물었다. 순간 낯빛이 당황스럽고 놀라는 표정을 지으면서, 나더러 어찌 아셨냐고 하면서, 사실은 자기 일행인 권사님이 한분 오셨는데, 바로 역 건물 위쪽 커피숍에 계신다며, 나를 한번 만나보고 싶어 하셔서 기다린다는 것이었다. 나는 만나보자고 하면서 함께 그곳으로 들어갔고, 시선이 마주치는 순간 눈앞에서 스파크가 일어나는 것을 보았다. 순간 나의 뇌리를 스치는 생각은, "영적으로 쎈 놈이구나, 정신을 바싹 차려야지!" 하면서, 속으로 "성령님, 붙드시고 사용해 주세요. 예수님의 이름으로 기도 드립니다. 아멘." 하면서 들어갔다.

자리에 앉자 자기는 서울 '온누리교회'에 다니는 권사라고 하면서, 자신들이 하고 있는 기도모임과 성경공부모임에 나를 함께 모셨으면 좋겠다는 생각이 들어서 보자고 했다는 것이다. "왜 그렇게 해야 되냐?"고 묻자, "지난번에 처음 지나가면서 봤을 때, 하나님께서 그런 마음을 주셨다.”는 것이다. 그 말에 내가 “하나님은 질서의 하나님으로서, 무질서하게 일하시는 분이 아니다. 각자 보내신 교회가 있고 그곳에서 기도하면 되고, 모르는 것은 담임목사님을 통해 교회에서 배우고, 목사님께 물으면 되고, 나 같은 사람은 더 배우라고 하나님께서 신학교에 보내셨으니, 나는 학교에서 배우면 된다.”고 하자, 하나님의 뜻이라면서 다짜고짜 밀어 붙이기 시작했다.

“우리가 다 하나님의 아들을 믿는 것과 아는 일에 하나가 되어 온전한 사람을 이루어 그리스도의 장성한 분량이 충만한 데까지 이르리니”(엡4:13).

말씀을 인용하면서, 그리스도의 장성한 분량까지 자라도록 배워야 한다는 것이다.

그 말에 내가 다시 반박했다. 성령하나님께서는 내게 이렇게 감동으로 가르쳐주셨는데, 그 말씀의 본질은 하나님의 마음은 우리가 지식으로만 배워 머리만 커지도록 장성한 분량을 이루라는 말씀이 아니다. 예수님께서 하나님 아버지께 받은 구원의 뜻을 이루는데 있어서, 십자가에 자신의 생명을 내어 놓으시며, 죄인인 우리를 사랑하심으로, 아버지의 사랑을 나타내신 그 사랑, 본을 보이시며 용서하시고 품어주시고 이루신 그 사랑, 바로 그 사랑을 우리가 실천

해야 한다는 말씀이다. 우리는 예수님을 닮아가며, 많은 영혼들을 주님의 사랑으로 품고 용서해야 한다. 수많은 영혼들을 부활하시고 영원한 생명을 주신 주님께로 이끄는 데까지 신앙이 자라야 한다는 말씀이라고 오금을 박아버렸다.

삶이 동반되지 않는 형식적인 믿음, 하나의 자랑거리로 삼기 위한 교만한 지식, 자기 과시를 위한 배움이라면 하나님도 원치 않으실 것이다. 아는 것으로만 머무는 게 아니라, 성령님께서 알려주시는 것만큼 살아내는 것이, 하나님의 영광을 나타내고 하나님을 기쁘시게 하는 것으로 더욱 아름다운 일이다. 내게 주신 하나님의 마음은 바로 이러한 것이다. 이 말을 다시 달란트 비유의 말씀으로 적용하면, 성령님께서 깨우쳐 주시는 만큼, 하나님의 영광을 나타내 보이는 삶을 우리가 살아내는 것이다. 얼마나 멋지고 행복한 삶인가?

이날 그 두 명은 더 이상 말을 하지 못하고 돌아갔고, 몇 번의 통화로 끈질기게 나를 설득하려고 했으나, 내 마음속에서 나를 붙들고 지키시는 성령님의 도우심으로 흔들림 없이 믿음의 자리를 지킬 수 있었다.

이 일 있은 다음 주 목요일도 여느 때처럼, 내가 먼저 일찍 나와 테이블을 세팅 하고 있었는데 한 신천지 남자 목사가 찾아 왔다. 그 사람은 테이블에 놓인 책과 신문을 만지작거리더니 이내 나에게 말을 걸었다. 그날 학교 신문인 '기독교 신문'에 요한계시록과 관련된 기사가 실렸다. 그것을 손가락으로 짚으면서 나더러 계시록 집회나 세미나, 성경공부를 해본 적이 있냐고 물었다. 없다고 대답하자 자신들이 하고 있는 성경공부학교에서 가르치고 있는데, 한번 와서 배워보지 않겠냐는 것이었다. 나는 성경말씀을 읽다가 모르는 게 있으면, 성령하나님께 묻거나, 담임목사님께 물으면 된다고 하면서, 신학대학을 다니는 전도사임을 밝혔다. 그리고 하나님은 질서의 하나님이시니, 나도 무질서하게 움직이지 않는다고 대답했다. 그러자 나에게 '알파와 오메가'에 대해 들었느냐고 물었다. 당시 나는 헬라어를 배우기 전이었기 때문에 그 말의 의미를 몰랐다.

들어 본적도 없고 알지도 못하는 말을 하자, 나는 순간 당황하며 속으로 "성령님 이게 무슨 말이에요. 내게 가르쳐 주세요. 예수님의 이름으로 기도드립니다. 아멘."까지 해야 기도가 끝나는데, 아직 속으로 '예수님의...'라 하고 있는데, 내 입이 열려 말하기 시작했다. "나는 A, B, C, D, A도 모르는 사람이니 알파와 오메가 쓰리(three)하지 말고, 우리나라 사람이 우리나라 말을 해라!"하면서, 순간 "시작과 끝, 처음과 나중 되신 하나님이라고 말하라."고 했다.

나는 흥분하면 목소리 톤이 올라가는 편이다. 나는 흥분하여 그 사람에게 "우리 주님이 안 믿는 사람들에게 십자가의 은혜를 전파하여 예수님을 믿고 구원받게 하라고 하셨지, 언제 믿는 사람들에게 계시록이 어쩌고저쩌고하면서, 믿음의 자리에서 엉뚱한 데로 유혹해 데려가는 것이, 복음전도며 당신 하는 처사가 옳은가 생각해 보라."고 했다.

내 말에 얼굴이 빨개진 그 사람은 걸음아 날 살려라 도망갔고, 정신을 차리고 보니 내 주위에 이미 많은 사람들이 모여 있었고, 우리 동기 학우들도 이미 와 있었다. 모여든 사람들 모두 저 전도사의 말이 속이 다 후련하다면서, 박수를 보내기 시작했다. 그 후 다시는 그와 같은 자들이 우리에게 접근하지 않았다.

그날 저녁 나의 이야기를 들은 담임목사님과 사모님이 엄청 웃기 시작했다. 왜 웃으시냐고 내가 묻자, 사모님이 건강식품에 오메가 쓰리가 있다고 하셨다. 나는 너무 부끄러워 어쩔 줄 몰라 하며, 내가 무식해 하나님의 영광을 가려서 어떻게 하냐고 속상해 하자, 목사님과 사모님은 오히려 하나님께서 영광 받으셨다고 했다. 아마 그 사람은 물론이고 모인 사람들도 내가 말이 잘못 나와서 그렇지 몰라서 그렇게 말했다고는 생각하지 않을 것이라고 말해주었다.

무식한 자를 들어 유식하다고 하는 자를 부끄럽게 하시는 하나님,

아무 것도 모르는 나에게 복음전도에 있어 때를 따라 도우시는 하나님의 지혜는 언제나 나의 도움이 되시는 성령님을 통해 사역가운데 나타내 주셨다. 그뿐만 아니라 그 후 바로 이전처럼 성경말씀으로 확증시켜주셨다. 기도하기 전에 들으시고 마치기전에 응답하시는 하나님, 이사야 65장 말씀을 읽던 중 24절에서 그만 깜짝 놀랐다.

"그들의 부르기 전에 내가 응답하겠고, 그들이 말을 마치기 전에 내가 들을 것이며" (사65:24)

내가 기도하기 전에 이미 내 마음을 아시고 들으신 주님, 기도를 마치기도 전에 응답하셔서 내 입을 열어 쓰셨던 주님, 나는 너무 감격하여 말씀을 읽던 중, 아둔한 나를 쓰셨던 주님의 그 은혜를 생각하며 울었다. 그분은 살아계신 하나님으로 오늘도 여전히 나와 함께 동행 하신다. 주님은 언제나 나의 힘이시며 지혜이시고 능력이시며 소망이시다. 그 주님(예수님)안에 있는 나는 이 세상의 그 무엇도 부러울 것이 없다.

너도 주님처럼 죽으라

주님께 나의 삶을 드려 충성된 주님의 종으로 맡겨주신 성도들을 주님 사랑으로 섬긴다고 다짐했으면서도, 여전히 나의 성품은 급하고 온유한 주님의 성품을 닮지 못했다. 그런 나를 주님은 자신을 닮은 온유하고, 사랑의 마음을 닮은 성품으로 바꾸기 위한 시험을 나에게 허락하셨다. 한 번은 문제 많고 탈 많은 한 분과의 마찰이 생겼다. 많은 분들이 우리 두 사람을 지켜보고 있었다.

시간이 가고 날이 가면서 상대는 나를 중상 모략하였고, 그 말은 다시 나의 귀에 들려오곤 하였다. 그럴 때마다 나의 마음에 불끈 불끈 치솟는 화가 있었다. 아무리 주님의 종이지만 사람이기에 아무 잘못 없는 나로서는 참기가 힘들었다. 그런데 더 놀라운 것은 그렇게 씹어대는 그 사람을 위해 계속해서 축복 기도만 내 입술에서 나오고 있었다. 그런데 날이 갈수록 상대의 행동과 말들은 나의 마음을 더 격하게 화를 내도록 자극하고 있었다.

나의 믿음 상태를 아시는 대부분의 사람들은 나를 통해 은혜를 받곤 하지만, 잘 모르는 분들은 이간질하는 말만 듣고, 믿음 없는 인간 취급을 하는 것이 나를 더 힘들게 했다. 참고 견디다 못한 나는 어느 날, 그 사람을 위해 기도만 하면 나도 모르게 축복기도가 나오는 것이 화가 나서, 주님께 기도드리다 말고 속상하고 화나는 내 마음을 주님께 이렇게 고백했다. "주님 저것을 그냥 많은 사람들 앞에서 콱 패대기쳐 망신을 줄까요? 왜 나만 당해야 하나요? 왜 나만 참아야 하나요? 그리고 왜, 나의 입술에서는 화와 상관없이 축복 기도만 나오나요? 억울해서 못 견디겠어요. 아무것도 모르는 사람들이 나를 어떻게 생각하겠어요. 이대로 당하느니 내가 얼마나 무서운 사람인지 보여주어 다시는 함부로 하지 못하도록 해야겠어요." 라고, 인간적이고 솔직한 나의 심정을 주님께 털어 놓았다.

그 순간 주님께서 십자가에서 가시면류관을 쓰시고, 피를 철철 흘리시는 얼굴을 나의 눈앞에 가까이 대시며, "사랑하는 딸아, 내가 죽고 너를 살렸다. 네가 죽지 않고 누굴 살리겠느냐?"고 말씀하셨다. 그 순간 나는 놀라며 주님의 종으로서 주님을 닮은 온유하고 사랑의 성품을 갖지 못하고, 아직도 죽지 않고 펄펄 살아있는 내 자아와 성품을 회개하였다. 주님의 성품을 닮은 종으로 나를 만드시고자, 이 모든 과정을 겪게 하시고 깨우쳐 알게 하심으로써, 변화시키고 고쳐주셨다. 나는 그저 주님께 아무 말도 못하고, 기쁘게 해드리는 딸이 아니라, 근심 걱정을 끼쳐드리는 종이 된 것 같아, 한없이 부끄럽고 죄송한 마음이 들었고, 동시에 베푸신 사랑에 계속 울기만 했다.

지금도 매 순간순간을 돌아보면, 감사의 눈물을 흘리지 않을 수 없다. 이 글을 쓰면서도 그 은혜와 사랑에 감사의 눈물을 쏟고 있다. 그런 주님의 사랑이 있었기에, 진정 사랑하는 마음으로 한 영혼 한 영혼을 귀하고 소중하게 여기고, 섬길 수 있는 종으로 거듭나게 되었다. 이것이 어찌 나 한 사람에게만 요구하시는 주님의 마음이겠는가? 예수님을 구주로 고백하고 믿는 모든 사람들을 향하신 주님의 마음이라고 생각한다. 그렇게 내 안에 주님의 사랑으로 채워주시고, 그 사랑의 마음으로 모든 사람을 섬기기를 원하시는 주님께 늘 감사한다. 지금까지 믿음으로 살아온 것처럼 남은 인생도 주님 안에서 맡겨주신 사역을 기쁨으로 감당하며, 살아가려고 다시금 다짐해 본다. 모든 영광 성삼위 하나님께 올려 드린다.

모두 다 주어라

2010년 3월 어느 날 성령님의 강권적인 인도하심으로 3시간의 회개와 2시간의 목회 방향에 대한 기도를 드린 적이 있었다. 그때 주님께서는 기도 가운데, "내가 너에게 준 것을 다 주어라"(사랑, 은혜, 건강, 물질, 지혜, 말씀 등) 고 말씀하시면서, "네가 이렇게 사역을 한다면, 양떼는 내가 몰아와 주마!" 하시면서 예수님께서 양 무리를 몰고 오시는 환상을 보여주셨다.

"병든 자를 고치며 죽은 자를 살리며 나병 환자를 깨끗하게 하며 귀신을 쫓아내되 너희가 거저 받았으니 거저 주라"(마 10:8)

5시간 동안 성령님의 손에 이끌린 기도를 마칠 즈음에, "범사에 여러분에게 모본을 보여 준 바와 같이 수고하여 약한 사람들을 돕고 또 주 예수께서 친히 말씀하신 바 주는 것이 받는 것보다 복이 있다 하심을 기억하여야 할지니라"(행20:35) 하신 말씀과 함께, 내 사랑을 열방을 향해 나눠주라고 하시면서, 앞으로 세워주실 교회 이름을 '주사랑 열방 나눔 교회'로 지어주셨다. 그뿐만 아니라 그 이후에도 종종 그런 사역자로서 살고 있는지 내 삶을 점검해 보시곤 하셨다.

인덕원에 있는 으뜸사랑 교회에 부교역자로 있을 때에도, 언제나 내손에 물질을 쥐어 주시고는 다음날 노숙자를 보내시곤 하셨다. 노숙자들이 교회로 들어와 어디로 가는데 차비로 5,000~10,000원만 달라고 들어오면, 제일 먼저 그들에게 묻는 말이 있다. "식사는 하셨습니까?" 하면, "몇 끼니 굶었습니다."라고 대답한다. 그러면 나는 "교회에 찾아가 도움을 청하시지 그러셨어요." 하면, 그는 "목사님처럼 따뜻하게 맞아주는 교회가 없습니다. 말도 안 건네고 냄새 난다며 쫓아내기만 했습니다."

그런 말을 들을 때면 나는 너무 마음이 아팠다. 한 영혼이 천하보다 귀하게 여기시는 주님의 마음을 알고(마16:26; 눅15:4-7), 우리 입으로 한 영혼이 천하보다 귀하다고 말 하면서, 어떻게 주님의 집에 도움을 청하러 온 그들을 외면할 수 있단 말인가? 예수님 당시 바리새인들과 서기관들과 무엇이 다르단 말인가?

"화 있을진저 외식하는 서기관들과 바리새인들이여 너희는 천국 문을 사람들 앞에서 닫고 너희도 들어가지 않고 들어가려 하는 자도 들어가지 못하게 하는도다" (마23:13)

"화 있을진저 외식하는 서기관들과 바리새인들이여 너희는 교인 한 사람을 얻기 위하여 바다와 육지를 두루 다니다가 생기면 너희보다 배

나 더 지옥 자식이 되게 하는도다." (마23:15)

바리새인들과 서기관들을 향해 말씀하신 예수님의 말씀은 오늘날 믿는다면서도 잘 못 행동하고 있는 우리들을 향해 말씀하고 계신다. 그들에게 교회에서 나를 위해 권사님들이 따뜻하게 지어주신 밥과 찬을 차려 주면, 노숙자분들은 울면서 하는 고백이 있다. "목사님이 믿는 예수님이라면 나도 믿겠습니다." 그렇게 대답하는 그들에게 나는 언제나 "나도 선생님처럼 부귀영화 명예, 권력 하루아침에 다 잃고 인생의 밑바닥까지 떨어져, 노숙자로 집도, 부모도, 나라도 없이 길거리를 헤매며 살아온 세월들이 있었습니다. 그런 나의 인생에 찾아와 주셔서 안아주시고 오늘 이렇게 멋지고 아름다운 삶을 살아가는 사람으로 만들어주신 분이 바로 우리 주님(예수님)이셨습니다. 그러니 선생님도 어디로 가시든지 꼭 교회에 찾아가 예수님을 만나고, 주님만을 바라보고 의지하여, 아름다운 제2의 인생을 살아가시기를 바랍니다."

이렇게 예수님의 십자가의 은혜를 전하면, 그들은 한결같이 "네, 꼭 목사님처럼 그렇게 하겠습니다." 고 답한다. 그리고 돌려보낼 때에는 주님께서 내손에 쥐어준 돈이 1만 원짜리가 없으면, 큰돈 5만 원을 감사헌금봉투에 넣어, "가실 때 꼭 굶지 말고 가셔요!" 하고 드렸다. 다 주고 나면, 나에겐 아무것도 남는 것이 없는 것 같으나, 늘 채우시는 주님의 손길로 부족함이 없다.

"주라 그리하면 너희에게 줄 것이니"(눅 6:38)라고 하신 말씀처럼, 언제나 채워주셨다. 영혼들을 향한 당신의 사랑을 내 삶을 통해 달아 보셨다. 주님께서 이 땅에 오셔서 힘없고, 약하고, 병들고 버림받은 자들을 먼저 돌아보셨던 것처럼, 나의 눈에도 제일 먼저 그런 사람들을 볼 수 있게 해 주셨다. 먼저 베풀며, 돌보며, 섬기는 삶을 교회 내에서 먼저 사명으로 삼고, 이러한 삶이 나의 몸에 배어 살아가도록 인도해 주셨다. 그리고 앞으로 목회사역을 어떻게 해 나가야 할지, 친히 늘 사역의 현장에서 가르쳐 주셨다. 언제나 하나님의 그 사랑에 머리 숙여 경배를 올려 드린다.

감격의 눈물

하나님의 은혜가운데 드디어 12년만인 2017년 2월16일 대학원을 졸업하게 되었고, 목사안수를 받기 위한 최종 관문인 논문 심사와 총회 면접이 있었다.

지금까지 모든 학위과정도 주님의 은혜로 왔는데, 최종 관문도 주님의 은혜로 감당할 수 있도록 도와주시라고 기도드렸다. 주어진 주제에 대한 논문을 써야 하는데 한 번도 논문을 써본 경험이 없는 나로서는 여간 힘든 일이었다. 기도 중에 담임목사님의 도움을 청했다. 감사하게도 바쁘신 중에도 담임목사님은 흔쾌히 승인해 주셨다. 그렇게 목사님의 지도와 도움으로 논문을 무사히 마치고, 최종 면접에도 합격하게 되었다. 이후 연수과정을 거쳐 총회서 인정하는 강도사 1년을 마치고, 노회에서 주님의 종으로서 인정하는 목사안수를 받게 되었다. 그토록 바라고 바라던 영광스런 주님의 종으로 인정받는 목사 안수식이 다가올수록 마음이 많이 떨렸다.

드디어 목사 안수식이 열리는 날이다. 이날은 특별히 정기 노회의 날이라 노회 소속 모든 목사님들이 다 참석하여 회의를 마치고, 뒤이어 목사 안수식이 거행되었는데, 이날 목사로 안수 받는 사람은 나까지 세 명이었다. 한분은 노회 목사님아드님, 또 한분은 우리교회 담임목사님 아드님이었다. 우리 담임목사님과 사모님은 내가 안

수 받는 것을 자기 아들이 안수 받는 것처럼, 마냥 함께 기뻐해주셨다. 두 분 목사님 자제분들과 함께 동기가 되어 목사 안수를 받게 된 것이다.

내 차례가 되어 안수를 받고 일어서서, 노회 임원목사님들과 인사를 나누는데, 드디어 우리 담임목사님 앞에 서게 되었다. 감격의 눈물을 머금고 있는데 담임목사님께서 여기까지 오는 동안 고생이 많았다고 꼭 안아주셨다. 순간 그만 감격에 북받쳐서 내가 소리 내어 우는 통에, 목사님과 축하하기 위해 모인 가족들과 성도들이 다 울고 말았다. 이 기쁜 감격을 무슨 말로 다 표현하겠는가? 부족하고 어리석은 죄인을 불러 자녀 삼아 주신 것도 감사한데 주님의 종으로 세워주시니 이 얼마나 크신 은혜인가? 그 주님의 사랑과 은혜 안에서 목사 되기까지 나에게 베풀어 주신 담임목사님과 사모님의 사랑은 또 얼마나 큰가? 그런데 오늘 이렇게 고생이 많았다고 주님께서 나에게 격려해 주시듯 목사님께서 주님의 사랑의 마음으로 말씀해 주시면서 꼭 안아주시니 말이다.

이날 안수식이 끝나고 답사를 내가 하게 되었다. 감격의 눈물을 흘리며 주님 앞에서 답사를 하면서, 이제 나도 주님을 닮은 종으로 많은 영혼을 주님 사랑으로 꼭 안아주어야 하겠다고 다짐하고 또 다짐하였다. 그 다짐대로 주님은 힘없고 약한 불쌍한 영혼들을 안아주라고 많이 만나게 해주신다. 오직 순순히 하나님의 사랑으로 안으라고 말이다. 언제나 그렇게 주님과 함께 성령님의 손에 이끌려 하나님 아버지 사랑으로, 보내주신 많은 영혼들을 안아주며, 함께 주님의 영원한 생명가운데로 나아갈 것이다. 내게 이 은혜와 사랑을 나눌 수 있도록 허락해 주신 하나님께 다시금 감사와 찬양과 영광을 올려 드린다.

all remain with you for only a short time now;
I shall go back to the one who sent me,
will look for me and will not find me:
re I am
cannot come.'

hen said to one another, 'Where is he going
im? Is he going abroad to the people who a
d will he teach the Greeks? •What does he mean
u will look for me and will not find me:
re I am,
cannot come"?'

of living water

t day and greatest day of the festival,° Jesus st
any man is thirsty, let him come to me!°
t the man come and drink •who believes in m
says: From his breast° shall flow fountains of li
eaking of the Spirit which those who believed in him were to receive
no Spirit as yet° because Jesus had not yet been glorified.

sions on the origin of the Messiah

eople who had been listening said, 'Surely he mu
id, 'He is the Christ', but others said, 'Would the Christ be f
es not scripture say that the Christ must be descended from D
om the town of Bethlehem?'† •So the people could no
would have liked to arrest him, but no one actually laid

e went back to the chief priests and Pharisees who said t
n't you brought him?' •The police replied, 'There has nev
o has spoken like him'. •'So' the Pharisees answered 'you ha
as well? •Have any of the authorities believed in him? An
•This rabble knows nothing about the Law—they are
n, Nicodemus—the same man who had come to Jesus earlie
surely the Law does not allow us to pass judgement on a ma
a hearing and discovering what he is about?' •To this they
Galilean too? Go into the matter, and see for yourself: p
ut of Galilee.'

ous woman"

went home, 8 and Jesus went to the Mount of Olives.
he appeared in the Temple again; and as all the
began to teach them.

글을 마치며

spoke to the people again, he said:
light of the world;
who follows me will not be walking in the dark;
have the light of life'.

The testimony of Jesus to himself

the Pharisees said to him, 'You are testifying on your own behalf;
not valid'. Jesus replied:
'It is true that I am testifying on my own behalf,
my testimony is still valid,
because I know where I came from and where I am going;
but you do not know where I come from or where I am going.
You judge by human standards;
I judge no one,

부족하고 연약한 종이 이처럼 글을 써놓고 보니, 부끄러운 마음이 앞섭니다. 의도한 바가 없음에도, 주변 지인들의 권고와 위로 속에 어느덧 출간을 하게 되었습니다. 지나온 과정 하나하나가 주마등처럼 스쳐가며, 식은땀이 나기도 하고, 안도의 한숨을 쉬어 보기도 합니다.

오직 유일하신 하나님의 은총으로 수차례 사선(死線)을 넘어 자유의 땅, 대한민국에 입성하여, 어느 덧 사역자로서 자리를 잡아가고 있습니다. 늘 하나님은 제 심령에 풀무질을 하시어, 활활 열정이 타오르게 하십니다. 이따금 낙심에 빠질까 지켜보시고 위로해 주십니다. 용기를 주시고 더욱 담대히 일하도록 기운을 불어 넣어 주십니다.

말씀과 성령으로 다스려주시는 하나님 은혜는 무엇으로도 갚을 길이 없다고 생각합니다. 구원해주신 것만도 고마운 일인데, 사역자로 세워주시고 힘써 일하도록 해주셨습니다. 이곳저곳에서 '집회 요청'이 밀려듭니다. 가는 곳마다 사람의 말을 하지 않게 하시고, 오직 성령께서 입술을 주장해주시는 것이 얼마나 고마운지 모르겠습니다.

혹 이번에 책을 내어 놓는 것이 하나님 영광을 가리는 행위가 되지 않을까 싶어 간절히 기도해봅니다. 교만이 가장 큰 내면의 적이기 때문입니다. 언제까지나 사명을 다하는 그날까지 오직 겸손한 종으로 남기를 바라며 간구하고 있습니다. 원고를 읽고 또 읽으면서, 세련되지 못한 제 말을 바꾸어보려고 무던히 애를 써보기도 했으나 쉽지 않아 포기해버렸습니다. 다만 어떻게 하면 진실함을 충분히 드러낼 수 있을지 고민하며 썼습니다. 마치고 보니 나름 뿌듯함을 느낍니다.

"너를 낮추시며 너를 주리게 하시며 또 너도 알지 못하며 네 조상들도 알지 못하던 만나를 네게 먹이신 것은 사람이 떡으로만 사는 것이 아니요 여호와의 입에서 나오는 모든 말씀으로 사는 줄을 네가 알게 하려 하심이니라" (신 8:3)

"예수께서 대답하여 이르시되 기록되었으되 사람이 떡으로만 살 것이 아니요 하나님의 입으로부터 나오는 모든 말씀으로 살 것이라 하였느니라 하시니" (마 4:4)

사람이 음식만 먹고 사는 것은 아닙니다. 하나님의 모든 말씀, 곧 하나님의 법도와 율례를 지켜 살아갈 때 참되고 바른 삶, 아름다운 인생이 된다고 믿습니다. 낭패를 당하지 않고 후회 없는 인생이 될 것이라 확신합니다.

앞으로 어떤 사역이 펼쳐질지는 모르겠지만, 오직 주님 한 분께 의지하며, 좌고우면(左顧右眄)하지 않고 '의의 길'로 묵묵히 걸어가려고 합니다. 길고 어두컴컴한 터널 같은 내 인생에 한줄기의 빛으로 찾아오신 주님은 나를 웃게 만드시고 가장 행복하게 해주셨습니다. 주님은 남은 내 인생, 최고의 소망이시며, 기쁨이시고, 가장 의지할 분이십니다. 갈 길을 친히 이끄시는, 내 인생의 전부이신 하나님께 다시금 감사와 찬양을 올려드립니다. 모든 영광을 홀로 받으옵소서. 할렐루야!

"네 길을 여호와께 맡기라 그를 의지하면 그가 이루시고 네 의를 빛 같이 나타내시며 네 공의를 정오의 빛같이 하시리로다" (시 37:5,6)

"너는 범사에 그를 인정하라 그리하면 네 길을 지도하시리라 스스로 지혜롭게 여기지 말지어다 여호와를 경외하며 악을 떠날지어다 이것이 네 몸에 양약이 되어 네 골수를 윤택하게 하리라" (잠 3:6-8)